www.ingramcontent.com/pod-product-compliance
Lightning Source LLC
LaVergne TN
LVHW010836051026
849532LV00007B/2725
* 9 7 8 9 3 6 9 0 8 2 8 1 0 *

تنقیدی زاویے

(حصہ اول)

(ابوالمحاسن ڈاٹ کام ویب سائٹ سے منتخب مضامین)

مرتب:

غالب شمس قاسمی

Tanqeedi Zaaviye – Part:1 *(Literary Essays)*
by: Ghalib Shams Qasmi
Edition: March '2025
Publisher :
Taemeer Publications LLC (Michigan, USA / Hyderabad, India)

ISBN 978-93-6908-281-0

کتاب	:	**تنقیدی زاویے (حصہ:1)**
جمع و ترتیب	:	**غالب شمس قاسمی**
صنف	:	تحقیق و تنقید
ناشر	:	تعمیر پبلی کیشنز (حیدرآباد، انڈیا)
سالِ اشاعت	:	۲۰۲۵ء
صفحات	:	۹۸
سرورق ڈیزائن	:	تعمیر ویب ڈیزائن

فہرست

جامعہ میں جشن مکتبہ میں سناٹا

معصوم مرادآبادی

مرکزی دانش گاہ جامعہ ملیہ اسلامیہ نے حال ہی میں اپنے قیام کے سو برس مکمل کئے ہیں۔ صدی کا یہ سفر جامعہ کی تاریخ میں بڑے معنی رکھتا ہے۔ جن اکابرین نے اس عظیم ادارے کی بنیاد ڈالی تھی، وہ عجیب وغریب جذبوں سے سرشار تھے۔ آج کی دنیا میں ایسے دیوانوں کا کوئی تصور ہی نہیں کیا جاسکتا۔ جامعہ ملیہ اسلامیہ کا سو سالہ سفر نشیب وفراز کی ایک عجیب وغریب داستان ہے۔ اس کے بہت سے کردار آج ہماری نظروں سے اوجھل ضرور ہیں مگر ان لوگوں نے جس اخلاص سے اس تعلیمی ادارے کی آبیاری کی وہ تاریخ کا ایک اٹوٹ حصہ ہے۔ جامعہ کی داغ بیل ڈالنے والے وہی لوگ تھے جنھوں نے ہندوستان کی آزادی اور خودمختاری کی راہیں متعین کی تھیں۔ ان کی نگاہ بلند اور سخن دلنواز تھی۔ جامعہ کے قیام اور ہندوستان کی جدوجہد آزادی کا سفر ایک ساتھ طے ہوا۔ اس ادارے کا قیام برطانوی نظام تعلیم کے بائیکاٹ کی صورت میں ہوا تھا۔ گاندھی جی، مولانا محمد علی جوہر، ڈاکٹر مختار احمد انصاری، حکیم اجمل خاں، ڈاکٹر ذاکر حسین، مولانا محمود حسن اور عبدالمجید خواجہ وغیرہ نے جہاں اس کی تعمیر وتشکیل میں حصہ لیا، وہیں بعد کے دنوں میں اس ادارے کے گیسو سنوارنے والوں میں پروفیسر محمد مجیب، مسعود حسین خاں، پروفیسر شفیق الرحمن قدوائی، ڈاکٹر عابد حسین، سعید انصاری اور مولانا عبدالملک جامعی

کے نام آتے ہیں۔ ۱۹۲۰ میں علی گڑھ میں قائم ہونے والے اس تعلیمی ادارے نے دہلی کے قرول باغ میں تمام تر بے سروسامانی کے ساتھ کرائے کے مکانوں میں اپنا سفر شروع کیا تھا۔ آج یہ دانش گاہ عالیشان بلڈنگوں کا ایک مرقع ہے اور اس کا تعلیمی و تدریسی سفر جاری وساری ہے۔ یہ کیا کم ہے کہ حال ہی میں جامعہ ملیہ اسلامیہ کو ملک کی دس مرکزی یونیورسٹیوں کی فہرست میں شامل کیا گیا ہے۔

جامعہ ملیہ اسلامیہ کے ساتھ ساتھ ایک اور ادارے کی بھی داغ بیل ڈالی گئی تھی جسے لوگ مکتبہ جامعہ کے نام سے جانتے ہیں۔ مکتبہ جامعہ کے قیام اور جدوجہد کی تاریخ بھی اتنی ہی پرانی ہے جتنی کہ جامعہ ملیہ اسلامیہ کی۔ جامعہ جہاں درس وتدریس کا ادارہ تھا تو وہیں مکتبہ جامعہ لوگوں کو روحانی غذا فراہم کرنے کا ذریعہ تھا۔ یہ محض کوئی کاروباری اشاعت گھر نہیں تھا بلکہ اس نے انتہائی قیمتی اردو کتابیں نہایت ارزاں قیمت میں شائع کیں اور لاکھوں لوگوں کے ذہن وشعور کو سیراب کیا۔ مکتبہ جامعہ نے خلاق ذہنوں کی اہم تصنیفات کے علاوہ طلباء کی نصابی ضرورتوں کے مطابق درسی کتابیں بھی شائع کیں۔ 'معیاری سیریز' کے عنوان سے مختصر مگر جامع کتابوں کی اشاعت کا منصوبہ پایہ تکمیل کو پہنچایا۔ حقیقت یہ ہے کہ آج بھی اہل علم ودانش اور طلباء مکتبہ جامعہ کی مطبوعات سے تعلق خاطر رکھتے ہیں۔ درس گاہوں اور دانش گاہوں میں اس کی مطبوعات کو بڑی قدر کی نگاہ سے دیکھا جاتا ہے۔ یہ حقیقت ہے کہ جامعہ کے ساتھ ساتھ مکتبہ جامعہ نے بھی ترقی کی منزلیں طے کیں اور یہ جامعہ کے بازو کے طور پر ایک ایسا ادارہ بن گیا جو ایک دوسرے کے لئے لازم وملزوم تھے۔ جامعہ کی لائبریری کو بھی مکتبہ جامعہ سے بہت تقویت حاصل ہوئی۔ اس مکتبہ نے اشاعتی صنعت میں اپنا نام سنہری حروف میں درج کرایا۔ دہلی کے علاوہ بمبئی اور علی گڑھ جیسے شہروں میں اس کی شاخیں قائم ہوئیں جو

تشنگان علم وادب کا ایک اہم مرکز قرار پائیں۔ لیکن آج جب جامعہ ملیہ اسلامیہ کا صد سالہ جشن منایا جارہا ہے اور چراغاں ہو رہا ہے تو مکتبہ جامعہ میں سناٹا چھایا ہوا ہے۔ کیونکہ گزشتہ ایک عرصہ سے مکتبہ جامعہ کا اشاعتی کاروبار ٹھپ ہے۔ نہ تو وہاں سے کوئی نئی کتاب شائع ہوئی ہے اور نہ ہی اس ادارے کے تاریخ ساز جریدوں 'کتاب نما' اور 'پیام تعلیم' کی اشاعت باقی رہی ہے۔ کتابوں کے وہ پرانے ٹائیٹل جن کی اردو والوں میں ہمیشہ مانگ رہی ہے اور جو مکتبہ جامعہ کی شناخت سمجھے جاتے ہیں، ناپید ہیں اور دور دور تک ان کی اشاعت کا کوئی امکان نظر نہیں آتا۔

جو لوگ کتابوں کی دنیا کے شیدائی ہیں، انھیں مکتبہ جامعہ کے حوالے سے ایک نام ضرور یاد ہوگا جس میں جامعہ کے بانیوں کی روح محلول کرگئی تھی اور جس نے اپنی غیر معمولی صلاحیتوں سے اس ادارے کو بام عروج تک پہنچانے کے لئے اپنا سب کچھ داؤ پر لگادیا۔ یہ شخصیت ہے شاہد علی خاں کی جو کسی زمانے میں مکتبہ جامعہ کے منیجر ہوا کرتے تھے اور مکتبہ کے دفتر میں واقع ان کی چھوٹی سی میز پر ہر مشکل کو آسان کرنے کا نسخہ موجود تھا۔ یہ وہ زمانہ تھا جب مکتبہ جامعہ کا دفتر تکونہ پارک کے نزدیک اسی گل مہر ایونیو کی شاہراہ پر ہوا کرتا تھا جہاں کسی زمانے میں ڈاکٹر ذاکر حسین، ڈاکٹر عابد حسین، خواجہ غلام السیدین اور جامعہ کے دیگر اکابرین کی قیام گاہیں تھیں۔ مکتبہ جامعہ کی عمارت کی تعمیر کا بھی ایک دلچسپ قصہ ہے۔ جس زمانے میں ٹیچرز ٹریننگ کالج کی عمارت بن رہی تھی تو مکتبہ جامعہ کے لئے بھی ایک مستقل عمارت کی ضرورت محسوس کی گئی۔ لیکن اس وقت جامعہ کے پاس فنڈ کی قلت تھی۔ ٹیچرز ٹریننگ کالج کے بلڈر رائے پرتھوی راج نے یہ تجویز پیش کی کہ اگر جامعہ تیار ہو تو وہ ٹیچرز ٹریننگ کالج کی عمارت کی تعمیر سے بچے ہوئے سامان سے مکتبہ جامعہ کی عمارت تعمیر کرسکتے ہیں۔ اس کے لئے صرف جامعہ کو مزدوری

کے پیسے ادا کرنا ہوں گے۔ یہ تجویز منظور ہوئی اور اس طرح مکتبہ جامعہ کو ایک مستقل عمارت مل گئی۔

مکتبہ جامعہ پر پہلا ستم یہ ہوا کہ پروفیسر مشیر الحسن کے دور میں مکتبہ کی اس عمارت پر بلڈوزر چلا کر یہاں ارجن سنگھ کے نام پر فاصلاتی تعلیم کا ایک ادارہ قائم کر دیا گیا اور مکتبہ کی کتابیں جامعہ کالج کے پیچھے جھونپڑوں میں منتقل کر دی گئیں۔ مکتبہ جامعہ پر دوسرا ستم یہ ہوا کہ اس کے انتہائی مخلص سربراہ شاہد علی خاں کے لئے ایسے حالات پیدا کر دیے گئے کہ انھیں مستعفی ہونے پر مجبور ہونا پڑا۔ وہ شاہد علی خاں جنھوں نے مکتبہ جامعہ کو بام عروج تک پہنچانے کے لئے اپنی بہترین صلاحیتیں صرف کی تھیں، وہ اچانک اس سے جدا ہو گئے۔ حقیقت یہ ہے مکتبہ جامعہ کا زوال اسی روز شروع ہو گیا تھا جس روز مکتبہ سے شاہد علی خاں کی علیحدگی ہوئی تھی۔ ان کے چلے جانے کے بعد مکتبہ جامعہ کے دونوں جریدوں 'کتاب نما' اور 'پیام تعلیم' کی بھی حالت دگرگوں ہو گئی۔ شاہد علی خاں کے بعد اس تاریخ ساز اشاعتی ادارے کی باگ ڈور جن لوگوں کو سونپی گئی، وہ اس کے اعزازی ذمہ دار تھے اور اشاعتی صنعت سے ان کا دور تک بھی کوئی واسطہ نہیں تھا۔ مشہور نقاد شمس الرحمن فاروقی کے لفظوں میں:

"شاہد علی خاں کے الگ ہونے کے بعد مکتبہ جامعہ کے گویا برے دن آ گئے۔ یکے بعد دیگرے جن لوگوں کو زمام کار سونپی گئی وہ رسالہ نکالنے کا بھی تجربہ نہ رکھتے تھے' چہ جائے کہ پریس 'طباعت اور کاغذ اور مطبوعات کی خرید فروخت کے معاملات اور کسی اشاعتی ادارے کی سربراہی کا انہیں کچھ موہوم سا علم بھی ہو۔ بہر حال اردو کے اشاعتی اداروں میں مکتبہ جامعہ کی مرکزی حیثیت اسی دن ختم ہو گئی جب شاہد علی خاں وہاں سے الگ ہوئے۔" ("شاہد علی خاں: ایک فرد 'ایک ادارہ" مرتب نصیر الدین ازہر 'صفحہ ۱۷)

مکتبہ جامعہ کی عمارت جن جھونپڑوں میں منتقل ہوئی تھی وہاں ان قیمتی کتابوں کو بری حالت میں دیکھا گیا۔ اس کے بعد مکتبہ انصاری ہیلتھ سینٹر کی عمارت میں منتقل ہوا اور اس طرح وہ ایک یتیم بچے کی طرح ادھر ادھر بھٹکتا رہا۔ آج ہزاروں قیمتی کتابیں شائع کرنے والا یہ تاریخ ساز ادارہ اپنی حالت پر ماتم کناں ہے۔ شاہد علی خاں کی مکتبہ سے رخصتی کے بعد اس ادارے نے کوئی ترقی نہیں کی اور اس کی حالت یہ ہوئی کہ چند سال قبل قومی اردو کونسل (این سی پی یو ایل) نے اس تاریخ ساز ادارے کی دو سو نایاب کتابیں اپنے صرفہ پر شائع کیں۔ یہ کسی اشاعتی ادارے کی تاریخ میں پہلا واقعہ تھا۔

اس میں کوئی شبہ نہیں کہ عروج وزوال دنیا کا دستور ہے اور آج اردو اشاعتی صنعت ایک مشکل دور سے گزر رہی ہے۔ لوگوں میں کتابیں خریدنے اور انھیں اپنی آنکھوں کا سرمہ بنانے کا رواج دم توڑ رہا ہے۔ لیکن بہر حال وہ ادارے ترقی ضرور کر رہے ہیں جن کی وابستگی مستحکم اور مضبوط اداروں کے ساتھ ہے۔ مکتبہ جامعہ ایک ایسا ہی ادارہ ہے جس کی وابستگی جامعہ ملیہ اسلامیہ جیسی مرکزی دانش گاہ کے ساتھ ہے۔ ضرورت اس بات کی ہے مکتبہ جامعہ کو نئی زندگی دینے کے لئے جامعہ کو ایک ٹھوس منصوبہ بنانا چاہئے۔ فوری طور پر جامعہ کے تمام اشاعتی کام، اسٹیشنری کی فراہمی اور دیگر چیزیں مکتبہ جامعہ کے ذمہ کر دی جانی چاہئے تاکہ جامعہ کے ساتھ ساتھ یہ ادارہ بھی پھل پھول سکے اور جامعہ پر یہ الزام نہ آئے کہ وہ اپنے ایک تاریخ ساز ادارے کو بچانے میں کامیاب نہیں ہو سکا۔ اگر فوری طور پر مکتبہ جامعہ کی صحت و تندرستی پر توجہ نہیں دی گئی تو ایک صدی تک لوگوں کے ذہنوں کو منور کرنے والا یہ تاریخی ادارہ دم توڑ دے گا اور اس کا سب سے بڑا نقصان علم و دانش کو پہنچے گا۔

***

ڈاکٹر سیف الدین کچلو اور جلیانوالہ باغ

افروز عالم ساحل

یہ ۱۹۱۹ کی بات ہے۔ ملک بھر میں رولٹ ایکٹ کے خلاف مظاہرے چل رہے تھے۔ امر تسر میں ڈاکٹر سیف الدین کچلو اپنے دوست ڈاکٹر ستیہ پال کے ساتھ اس ایکٹ کے خلاف لوگوں کو متحد کر رہے تھے جن میں بیشتر کسان تھے۔ بلکہ پنجاب میں یہ پورا آندولن ہی کسانوں کے دم پر کھڑا تھا۔ آپ کو یہ جان کر بھی حیرانی ہوگی کہ اس دور میں گاندھی جی نے بھی خود کو کسان ہی بتایا تھا۔

ڈاکٹر کچلو کے مقدمے پر لاہور میں مارشل لا کمیشن کے سامنے گواہی چل رہی تھی۔ ممبئی کے چیف پریسیڈنسی مجسٹریٹ مسٹر ایسٹن کی عدالت میں گاندھی جی کو حاضر ہو کر گواہی دینے کے لیے کہا گیا تھا۔ گاندھی جی ۱۶ جون ۱۹۱۹ کو بطور گواہ عدالت میں پیش ہوئے۔ پیشے کے بارے میں پوچھے جانے پر گاندھی جی نے بتایا کہ وہ ایک کسان ہیں۔ مسٹر ایسٹن مسکرائے اور بولے -'آپ کو بیرسٹر کے طور پر طلب کیا گیا ہے۔

گاندھی جی نے جواب میں کہا تھا کہ 'میں بیریسٹر تھا، لیکن آج کل 'بیریسٹری نہیں کر رہا ہوں۔

دراصل ۳۰ مارچ ۱۹۱۹ کو امر تسر میں رولٹ ایکٹ کی مخالفت میں زبردست ہڑتال ہوئی۔ اس دن ایک عظیم الشان جلسہ منعقد ہوا، جس میں ۳۵ ہزار لوگ شریک تھے۔

ڈاکٹر سیف الدین کچلو نے پر جوش تقریر کی۔ اپنی اس تقریر میں انہوں نے عوام سے گزارش کی کہ ان کی جدوجہد بالکل پر امن ہونی چاہیے۔ حالانکہ ان دنوں انگریزی سامراج کے خلاف بھرپور مظاہرے ہو رہے تھے۔ ۴ اپریل کو ڈاکٹر کچلو پر جلسوں میں تقریر کرنے پر پابندی عائد کر دی گئی۔ ۶ اپریل کو ہڑتال کے دن ایک بڑے جلسے میں قریب ۵۰ ہزار لوگ شامل ہوئے۔ اس کی صدارات بیرسٹر بدرالاسلام خان نے کی۔

۹ اپریل کو رام نومی کا تہوار تھا۔ ایک بہت بڑا جلوس نکلا، جس میں تمام فرقے کے لوگ شامل تھے۔ یہ ڈاکٹر کچلو کا جادو ہی تھا کہ اس جلوس میں بیشتر آبادی مسلمانوں کی تھی۔ پوری فضا 'ڈاکٹر کچلو کی جئے' اور 'ڈاکٹر ستیہ پال کی جئے' کے نعروں سے گونج رہی تھی۔ دوسرے دن ڈاکٹر کچلو اور ڈاکٹر ستیہ پال کو پنجاب کے گورنر نے اپنی کوٹھی پر آنے کی دعوت دی جب یہ دونوں وہاں پہنچے تو انہیں گرفتار کر کے دھرم شالہ بھیج دیا گیا جہاں یہ دونوں کئی دنوں تک نظر بند رہے۔ یہ خبر آگ کی طرح پھیل گئی اور شہر میں ہڑتال کی گئی۔ ایک مجمع امرتسر کے خاص خاص راستوں سے ہوتا ہوا ریلوے اوور برج کے پاس پہنچا تو اسے فوجیوں کے ذریعے روکا گیا۔ لوگوں نے بتایا کہ وہ محض فریاد کرنے کے لیے ڈپٹی کمشنر کے پاس جانا چاہتے ہیں، مگر حکام نے ان کی ایک نہ سنی اور اچانک گولیاں چلا دیں جس سے قریب دو درجن لوگ مارے گئے اور کئی زخمی ہوئے۔ اس حادثہ کے بعد ۱۱ اپریل کو مارشل لا نافذ کر دیا گیا۔ اب جلوس نکالنا تو دور، گھر سے بغیر پاس کے نکلنے کی بھی آزادی نہیں رہی۔

اس کے باوجود ڈاکٹر کچلو اور ڈاکٹر ستیہ پال کی گرفتاری پر احتجاج کے مقصد سے ۱۳ اپریل کو ایک جلسہ جلیاں والا باغ میں منعقد ہوا۔ اس میں قریب ۲۰ ہزار سے زائد لوگ شامل ہوئے۔ بیشتر آبادی کسانوں کی ہی تھی۔ جلسے میں ہر طرف ڈاکٹر کچلو اور ڈاکٹر

ستیہ پال کی تصویریں نظر آرہی تھیں۔ اس دن بیساکھ کا تہوار تھا۔ سورج ڈھلنے والا تھا، جلسے کے دوران ایک ہوائی جہاز باغ پر کم بلندی سے پرواز کرتا ہوا گزرا۔ وہیں دوسری طرف جنرل ڈائر اپنے سپاہیوں کے ساتھ پہنچ گیا اور بلا تاخیر گولیاں چلانے کا حکم دیا' پھر فوجیوں نے اندھا دھند فائرنگ شروع کر دی۔ اگلے دس منٹ تک گولیاں چلتی رہیں۔ ہر طرف لاشیں ہی لاشیں اور خون ہی خون تھا۔

ہنٹر کمیشن کی رپورٹ کے مطابق جلیاں والا باغ کے اس واقعہ میں ۱۶۵۰ گولیاں چلیں اور ۳۷۹ لوگ اس میں ہلاک ہوئے، جن میں ۳۳۷ مرد اور ۴۱ بچے شامل تھے۔ حالانکہ ایک اور رپورٹ کے مطابق اس حادثے میں ایک ہزار سے زائد لوگوں کی موت ہوئی، اور ۴ تا ۵ ہزار لوگ زخمی ہوئے۔ اس حادثے نے پورے ہندوستان کے عوام میں انگریزوں سے متعلق نفرت کا ماحول بنا دیا جس کے بعد ملک کو انگریزوں کے چنگل سے آزاد کرانے کی تحریک میں شدت پیدا ہوئی۔

لاہور میں مارشل لا کمیشن کے سامنے چل رہی گواہیوں کے بعد ڈاکٹر کچلو کو عمر قید کی سزا سنائی گئی۔ اس فیصلے پر گاندھی نے ینگ انڈیا کے ۲۳ جولائی ۱۹۱۹ کے شمارے میں لکھا کہ حکومت نے ان کو گرفتار کر کے تشدد کو دعوت دی ہے۔ گاندھی نے ینگ انڈیا کے ۳ ستمبر ۱۹۱۹ کے شمارے میں لکھا ہے کہ امرتسر میں جو بھی تشدد ہوا وہ ان افراد کی گرفتاری کے بعد ہوا۔ وہیں ۷ ستمبر ۱۹۱۹ کے گجراتی نوجیون اخبار میں بھی گاندھی نے اس امر پر تشویش کا اظہار کیا تھا۔ گاندھی جی نے ۲۰ ستمبر ۱۹۱۹ اے ینگ انڈیا میں لکھا کہ میں ڈاکٹر کچلو، ڈاکٹر ستیہ پال اور دیگر سیاسی قیدیوں کی رہائی کے لیے آندولن کروں گا۔ لاہور کے اس فیصلے کے خلاف لندن پریوی کونسل میں اپیل کی گئی۔ گاندھی جی نے بھی اس کے متعلق پنجاب کے لیفٹنیٹ گورنر کو کئی خطوط لکھے۔ دوسری جانب پورے پنجاب کے

لوگوں نے حکومت پر اس قدر دباؤ ڈالا کہ حکومت کو ۱۹۱۹ کے آخر میں ان کو رہا کرنا پڑا۔

ڈاکٹر سیف الدین کچلو ۱۵ جنوری ۱۸۸۸ کو پنجاب کے فرید کوٹ میں پیدا ہوئے۔ والد عزیز الدین کچلو کشمیری مسلمان تھے لیکن پنجاب میں آکر بس گئے تھے۔ ان کی والدہ کا نام جان بی بی تھا۔ ابتدائی تعلیم امرتسر کے اسلامیہ ہائی اسکول سے ہوئی، پھر آگے کی تعلیم کے لیے کیمبرج یونیورسٹی چلے گئے، یہیں سے انہوں نے بی اے کی ڈگری حاصل کی، اس کے بعد لندن سے ہی بار ایٹ لا کی ڈگری لے کر جرمنی چلے گئے۔ ۱۹۱۲ میں جرمنی سے فلاسفی میں ڈاکٹریٹ کی ڈگری حاصل کر کے ۱۹۱۳ میں ہندوستان لوٹ آئے۔ واپس لوٹنے کے بعد امرتسر میں وکالت کی پریکٹس شروع کی اور چند دنوں میں ہی پورے پنجاب میں مشہور ہو گئے۔

ڈاکٹر سیف الدین کچلو کے سیاسی کریئر کا آغاز ہوم رول موومنٹ سے ہوا۔ وہ ۱۹۱۹ میں امرتسر میونسپل کارپوریشن کے منتخب کمشنر بنے۔ سیف الدین کچلو پنجاب کانگریس کمیٹی کے پہلے صدر رہے، اس کے بعد دہلی کانگریس کمیٹی کے بھی صدر رہے۔ وہ نوجوان بھارت سبھا کے فاؤنڈر ممبر تھے۔ نوجوان بھارت سبھا کو آج انڈین یوتھ کانگریس کے نام سے جانا جاتا ہے۔ انہوں نے 'تحریک تنظیم' نامی اپنی ایک آرگنائزیشن بھی بنائی اور امرتسر سے اردو روزنامہ 'تنظیم' اخبار بھی نکالا۔

خلافت تحریک اور تحریک عدم تعاون میں بھی پوری طرح سرگرم رہے اور کئی بار جیل گئے۔ ۱۹۲۱ میں برطانوی حکومت کے خلاف سازش رچنے کے جرم میں انہیں گرفتار کیا گیا۔ ان پر ہندوستانی عوام کو بھڑکانے کا مقدمہ چلا۔ وہ ان مسلم لیڈروں میں سے ایک ہیں جو تقسیم ہند کے سخت خلاف تھے۔ انہوں نے ہمیشہ ہندو مہاسبھا کی مخالفت کی۔ جنوری ۱۹۲۵ میں امرتسر میں منعقد 'آل مسلم پارٹیز کانفرنس' میں ڈاکٹر سیف الدین کچلو

نے واضح طور پر کہا کہ پنجاب کے اندر ملک و قوم کی تحریک آزادی کو کچلنے کی ذمہ دار ہندو مہاسبھا ہے۔ اس کے ارکان قومیت پسند وطن کا ساتھ چھوڑ کر محض ہندو پرستی کی دھن میں لگ گئے ہیں۔ یہ جماعت ہر بات میں ہندو مسلم کا سوال پیدا کر دیتی ہے اور اس کا پروپیگنڈا یہاں تک کامیاب ہو چکا ہے کہ مقدمات میں ہندو قوم کے تعلیم یافتہ اشخاص، بیرسٹر، ڈاکٹر اور ممبران کونسل تک بھی جھوٹی شہادتیں دینے سے دریغ نہیں کرتے، تاکہ مسلمانوں کو من حیث القوم یا من حیث الفرد نقصان پہونچا کر اپنا دل خوش کر لیں۔ انہوں نے اپنی اس تقریر میں یہ بھی کہا، 'میں اس جماعت کی مختلف النوع چالوں اور سرگرمیوں کا پول مسلسل سلسلہ مضامین میں کھول چکا ہوں، جو 'ہندو مہاسبھا کی حقیقت' کے عنوان سے اخبار 'تنظیم' میں شائع ہو چکے ہیں۔

ڈاکٹر سیف الدین کچلو اس کانفرنس میں مجلس استقبالیہ کے صدر تھے۔ اپنے خطبہ استقبالیہ میں مسلمانوں سے اپیل کرتے ہوئے انہوں نے کہا 'اس وقت ہمیں اپنی اندرونی اصلاح کی اشد ضرورت ہے۔ مسلمانوں میں داخلی افتراق ناگفتہ بہ ہے۔ ہر جماعت نے اپنی ڈیڑھ اینٹ کی مسجد علیحدہ بنا رکھی ہے۔۔۔ ایک طرف مساجد اپنی بے کسی اور بے بسی کی نوحہ خواں ہیں، تو دوسری جانب اوقاف کی حالت زار قوم کی بے توجہی کو آشکار کر رہی ہے۔

انہوں نے مزید کہا کہ ہمیں اپنے اوقاف کی طرف توجہ مبذول کرنا ہے تاکہ اس لاکھوں اور کروڑوں روپیہ کی آمدنی کو تعمیر ملت کے کار خیر میں صرف کریں جو ان اوقاف کے ذریعہ حاصل ہو سکتا ہے۔ اور آجکل اوقاف کے متولیوں کی بد نظمی کے باعث سراسر ضائع جا رہا ہے۔ اگر ہم اوقاف کی آمدنی کا خاطر خواہ انتظام کرنے میں کامیاب ہو جائیں تو آج مسلمانوں کے تمام قومی کام نہایت خوش اسلوبی کے ساتھ چل سکتے

ہیں۔ اس وقت اشد ضرورت محسوس ہورہی ہے کہ مسلمان اپنی بکھری ہوئی طاقت کو ایک مرکز پر جمع کریں اور اپنے منتشر قوئے کو نقطہ ماسکہ پر لے آئیں، تاکہ قوم کی بگڑی ہوئی حالت کی اصلاح ہوسکے اور مسلمانان ہندوستان قعر مزلت کا شکار ہونے سے بچ جائیں۔

اب سیف الدین کچلو ہمارے درمیان نہیں ہیں۔ ۱۹ اکتوبر ۱۹۶۳ کو ۷۵ سال کی عمر میں دہلی میں آپ نے اپنی آخری سانس لی اور اس دنیا کو ہمیشہ کے لئے الوداع کہہ کر چلے گئے۔ لیکن کاش! ہندوستان کے مسلمان سیف الدین کچلو کے کام اور ان کے اس اہم ترین اپیل کو آج بھی سمجھ پاتے۔

***

فکری یلغار

مفتی محمد ثناء الہدیٰ قاسمی

قدیم زمانے میں لڑائیاں جسمانی طاقت و قوت، چستی پھرتی اور حکومتوں کی فوجی منصوبہ بندی کے ذریعہ ہوا کرتی تھیں، مقابلہ آمنے سامنے کا ہوتا تھا، اور جیت ہار کا فیصلہ فوجوں کی شکست پر ہوا کرتا تھا، لیکن اب لڑائیاں آمنے سامنے نہیں ہوتی ہیں؛ سائنسی ترقیات نے اس طریقۂ کار کو از کار رفتہ کر دیا ہے، اب تو آسمان سے آگ برستی ہے، سمندر کے راستے بحری بیڑے چلتے ہیں، اور پل بھر میں دشمن کے ٹھکانوں کو نیست و نابود کر کے واپس ہو جاتے ہیں، جن کے پاس نیوکلیائی ہتھیار ہیں، ہلاکت خیز میزائیل ہیں، ان کی زد میں دنیا کے بیشتر ممالک ہیں اور وہ بھبھکیاں دے دے کر کمزور ملکوں کا جینا حرام کیے ہوئے ہیں، لیکن یہ چھوٹی جنگ ہے اور یہ زیادہ دنوں تک جاری نہیں رہا کرتی ہے۔ لیکن جنگ کا ایک دوسرا میدان انتہائی وسیع ہے، اس میدان میں توپ، میزائیل، ٹینک، گولے بارود نہیں ہوتے، بلکہ اس لڑائی میں فکری یلغار ہوتی ہے، انتہائی منظم اور غیر معمولی منصوبہ بند، اس حملہ کے اثرات کھیت، کھلیان، گھر، مکان اور دوکان پر نہیں پڑتے، سیدھے سیدھے دل، دماغ، عقل و شعور پر پڑتے ہیں، دل کی دنیا بدل جاتی ہے، سوچنے کا انداز بدلتا ہے، اور اس تبدیلی کے اثرات صدیوں تک جاری رہتے ہیں اور نسل کی نسل تباہ ہو کر رہ جاتی ہے، اس تباہی کے نتیجہ میں ارتداد کی وہ لہر پیدا ہوتی ہے جو کچھ

دن تک تو نظر نہیں آتی، لیکن گذرتے ایام کے ساتھ اس کا مشاہدہ عام ہو جاتا ہے، ہر کوئی کھلی آنکھوں اسے دیکھ سکتا ہے، قوموں کی تاریخ میں یہ بڑا نازک وقت ہوتا ہے، اس لیے کہ اس یلغار سے مذہبی اقدار، خیالات ومعتقدات سب کے سب برباد ہو جاتے ہیں اور فاتح وہ قرار پاتا ہے جس نے دل ودماغ کی دنیا بدلنے کا کام کیا ہے۔

فکری یلغار کا یہ سلسلہ آج سے نہیں زمانۂ قدیم سے چلا آرہا ہے، ہندوستان کی حد تک اس کا آغاز مغلیہ سلطنت کے زوال کے ساتھ ہی شروع ہو گیا تھا، انگریزوں کے عہد میں فکری یلغار کا یہ سلسلہ دراز ہوا، لارڈ میکالے نے ایسی تعلیمی پالیسی غلام ہندوستان کو دی، جس کی وجہ سے ایسا طبقہ وجود میں آیا جو رنگ ونسل کے لحاظ سے تو ہندوستانی تھا، لیکن اس کا ذوق، ذہن اخلاق اور فہم وفراست انگریزوں کے سانچے میں ڈھلا ہوا تھا۔

یہی وہ چیز تھی جس کو ختم کرنے کے لئے حضرت مولانا محمد قاسم نانوتویؒ نے دار العلوم دیوبند قائم کیا اور یہ فکر بخشی کہ ہمیں ایک ایسی نسل تیار کرنی ہے؛ جو دیکھنے سننے اور رنگ ونسل کے اعتبار سے ہندوستانی ہو، لیکن اس کے جسم میں دھڑکتا دل اور عقل وشعور ایمانی واسلامی پانی سے سیراب کیے گیے ہوں، اور ان کی تربیت اس نہج پر کی گئی ہو کہ ان پر اللہ کا رنگ غالب آگیا ہو اور اللہ کے رنگ سے بہتر رنگ کس کا ہو سکتا ہے، یہ سلسلہ دراز سے دراز تر ہوتا گیا۔ الحمد للہ حضرت نانوتویؒ کا یہ فیضان جاری ہے اور انشاء اللہ تا قیامت جاری رہے گا۔

عصر حاضر میں اس سلسلہ کو سب بڑا خطرہ تعلیم کے بھگوا کرن سے ہے، مرکزی حکومت نئی تعلیمی پالیسی کے نام سے اسے نافذ کر چکی ہے، اس پالیسی کے نتیجے میں اسلامی تاریخ کو مسخ کرنے کی کوشش کی جارہی ہے اور ان رسومات کو اسکولوں میں رائج کیا جارہا ہے جو ایمانی اور اسلامی بنیادوں کو متزلزل کرنے والے ہیں، مثالی انسانوں کی زندگی کو

نصاب تعلیم سے نکال باہر کیا گیا ہے، جنہوں نے اس ملک کو اخلاقی اقدار سے مالامال کیا اور جو یہاں کی تہذیبی شناخت سمجھے جاتے ہیں۔

عالمی سطح پر اسلام کے خلاف فکری یلغار امریکہ، اس کے حلیف ممالک اور مغرب کی طرف سے ہو رہا ہے، اور اب اس نے عالم عرب میں اپنی جگہ بنانی شروع کر دی ہے، اس کے لیے امریکہ نے عالم اسلام کے قلب سعودی عرب میں اپنی آفس کھول رکھی ہے، اس کا مقصد سعودی عرب میں رائج نصاب تعلیم کا جائزہ لے کر دینی کتابوں سے تشدد پر مشتمل مواد کو خارج نصاب کرنا ہے، وہابی تحریک انگریزوں کے مخالف رہی ہے؛ اس لیے سعودی عرب کے نصاب سے وہابی تحریک کے ذکر کو حذف کر دینا ہے، ائمہ، علماء اور نوجوانوں کی معتدل تربیت کا نظم اب وہائٹ ہاؤس کی نگرانی میں کیا جائے گا، تاکہ ایک اعتدال پسند نسل کو وجود میں لایا جائے، جو عقال، عبا اور چوغہ پہنتی ہو؛ لیکن اس کا دل ودماغ امریکہ وبرطانیہ کے افکار واقدار میں گروی ہو، اور اس کے معتقدات اسلام سے میل نہ کھاتے ہوں، یہ سب محض خیالات نہیں ہیں، امریکی وزیر خارجہ ریکس ٹیلرسن Rex Tillerson نے سعودی عرب کے دورہ کے بعد Scot Berry کے سوالات کے جوابات میں کئی سال قبل ان خیالات کا اظہار کیا ہے اور ۱۷/ جولائی ۲۰۲۱ء کے الخلیج الجدید نے وہابی ازم سے نمٹنے کے لیے سعودیہ میں نصاب تعلیم کی تبدیلی پر ملک سلمان اور صدر ٹرمپ کے اس معاہدہ کی حقیقت بیان کی ہے۔

اس طرح سموئیل ماری نیوس زویمر (Samuel Marinus Zwemer) نے بیسویں صدی کے اوائل میں ہی اعلان کر دیا تھا، کہ ہم نے اسلامی ممالک کے نظام تعلیم پر اپنا کنٹرول کر لیا ہے، زویمر کے ساتھ کرومر (Cromer) بھی اس مہم میں شریک رہا ہے اور مصر کے تعلیمی نظام اور تربیتی اقدار کو تبدیل کرنے میں اس نے کلیدی کردار ادا

کیا ہے، مصر کے بعد ترکی ان کا بڑا ہدف رہا، خلافت عثمانیہ کے سقوط کے بعد اسلامی نظریات اور طریقوں کو جس طرح وہاں سے حکومتی سطح پر بے دخل اور نیست ونابود کرنے کی کوشش کی گئی، وہ تاریخ کا بدترین باب ہے۔

اللہ کا شکر اور اس کا احسان ہے کہ ترکی کا "مرد بیمار" ہوش میں آگیا ہے، اور تدریجا وہاں اسلامی نظام تعلیم اور نصاب تعلیم کو رائج کرنے کی کوشش جاری ہے، ترکی وزارت تعلیم نے اپنے نصاب سے غیر اسلامی چیزوں کو نکالنا شروع کر دیا ہے، مکتب کا نظام جس پر زمانہ دراز سے پابندی تھی، اب وہاں پھر سے کام کرنے لگا ہے۔

پوری دنیا کے مسلمان یہ سوچ کر پریشان ہو رہے ہیں کہ سعودی عرب جہاں ہمارا قبلہ وکعبہ ہے، اور جس کی طرف رخ کر کے ہم عبادت کرتے ہیں، وہ بڑی تیزی سے اپنا قبلہ مغرب کو بناتا جارہا ہے اور امریکہ کے چشم وابرو پر ایسے ایسے عجیب وغریب فیصلے کر رہا ہے کہ عقل حیران ہے، شاعر کا ایک شعر نوک قلم پر آگیا۔

ای تماشہ گاہ روئے عالم تو
تو کجا بہر تماشہ می روی؟

***

مائیکرو فائنانس: خوبصورت خواب یا ایک دردناک حقیقت؟

عبدالحلیم منصور

"تمہارے دیے گئے قرض نے میری بیٹی کو مجھ سے چھین لیا۔ سود کی قسطیں بھرنے کے بجائے اگر میں اس کی دوا لے لیتی تو شاید وہ زندہ رہتی۔"

یہ الفاظ ہبلی کی ایک خاتون کے ہیں، جن کی ۱۹ سالہ بیٹی نے صرف اس وجہ سے خودکشی کر لی کہ گھر میں دوا خریدنے کے پیسے نہیں تھے، کیونکہ پورا خاندان مائیکرو فائنانس کے قرض میں جکڑا ہوا تھا۔ اسی طرح کرناٹک میں خودکشی کرنے والے ایک مقروض نوجوان کی بیوہ ماں کا کہنا ہے:

"ہم نے قرضے نہیں لیے تھے، ہم نے اپنی زندگی گروی رکھ دی تھی!"

یہ صرف ایک کہانی نہیں بلکہ کرناٹک میں ہزاروں ایسے خاندانوں کی حقیقت ہے جو مائیکرو فائنانس کمپنیوں کے چنگل میں پھنس کر اپنی جمع پونجی کھو چکے ہیں۔

مائیکرو فائنانس کا مقصد غریب اور کم آمدنی والے افراد کو چھوٹے قرضے فراہم کرنا تھا، تاکہ وہ اپنی زندگی بہتر بنا سکیں۔ مگر وقت کے ساتھ، یہ نظام غریبوں کے لیے ایک خطرناک جال بن گیا، جہاں معمولی سی مدد کے بدلے ان سے کئی گنا زیادہ سود وصول کیا

جانے لگا۔ محمد یونس نے جب ۱۹۷۶ میں بنگلہ دیش میں گرامین بینک کے ذریعے مائیکرو فائنانس کا تصور پیش کیا تھا، تو اس کا بنیادی مقصد مالی طور پر کمزور طبقے کو سود سے پاک قرض دینا تھا، مگر بھارت میں یہی نظام استحصال کا ذریعہ بن گیا۔

مائیکرو فائنانس کو ابتدا میں ایک ایسا نظام سمجھا جاتا تھا جو غریبوں کی زندگیوں میں بہتری لانے اور انہیں مالی طور پر خود کفیل بنانے کے لیے متعارف کرایا گیا تھا، لیکن وقت کے ساتھ ساتھ یہ نظام سنگھا قرضوں کے بوجھ تلے دبے خاندانوں کے لیے ایک لعنت بن چکا ہے۔ کرناٹک میں مائیکرو فائنانس کے ذریعے دی جانے والی قرضوں کی شرح سود اس قدر زیادہ ہے کہ اس کا بوجھ اٹھاپانا غریب عوام کے لیے ناممکن ہو گیا ہے۔ اس سسٹم کا شکار خاندانوں کا بحران مسلسل بڑھ رہا ہے اور ان کی زندگیوں میں بدحالی اور ذہنی دباؤ کی ایک نئی لہر پیدا ہو گئی ہے۔

امید یا دھوکہ:

مائیکرو فائنانس کے ذریعے دی جانے والی قرضوں کی شرح سود غیر معمولی طور پر بلند ہے، جو غریبوں کی کمر توڑ دیتی ہے۔ جب یہ قرضے واپس کرنے کی تاریخ آتی ہے تو غریب افراد، خاص طور پر خواتین، شدید مالی اور ذہنی دباؤ کا شکار ہو جاتی ہیں۔ قرضوں کی وصولی کے دوران جو طریقے اختیار کیے جاتے ہیں، وہ غیر انسانی ہیں اور ان کی وجہ سے پورے خاندان کی زندگیاں تباہ ہو جاتی ہیں۔ قرض کی رقم کے بڑھتے ہوئے بوجھ کے تحت مجبور ہو کر کئی افراد نے خودکشی تک کرلی۔ قرض دینے والے ادارے نہ صرف بے رحمی سے رقم وصول کرتے ہیں بلکہ قرض واپس نہ کرنے پر تشدد اور دھمکیوں کا بھی سامنا کراتے ہیں۔ مائیکرو فائنانس ادارے قرضوں پر ۲۴ سے ۳۶ تک کا سالانہ سود وصول کرتے ہیں، جو عام بینکوں کے مقابلے میں کئی گنا زیادہ ہے۔ کچھ معاملات میں اگر

قرض دار مقررہ وقت پر ادائیگی نہ کر سکے تو سود ۴۸ سے ۶۰٪ تک جا پہنچتا ہے، جو غیر قانونی ہے۔ قرض کی وصولی کے دوران جرمانے، اضافی چارجز اور زبردستی وصولی کے واقعات بھی عام ہیں۔ اگر کوئی قرض دار قسط ادا نہ کر سکے، تو اس کے اہل خانہ پر دباؤ ڈالا جاتا ہے، جس میں دھمکیاں، سماجی بائیکاٹ اور جسمانی ہراسانی شامل ہیں۔ کئی ادارے وصولی کے لیے مسلح غنڈے بھیجتے ہیں، جو خواتین کے دروازے پر آ کر بدتمیزی کرتے ہیں اور عوامی مقامات پر بے عزتی کرتے ہیں۔

یہاں تک کہ مائیکرو فائنانس کے ادارے سنگھا قرضے دینے کے نام پر خواتین کے گروپوں کو ہدف بناتے ہیں، جو اجتماعی ذمہ داری کے تحت قرض واپس کرنے پر مجبور ہو جاتے ہیں۔ اگر کوئی ایک فرد قرض واپس نہیں کرتا تو پوری کمیونٹی کو سزا دی جاتی ہے، جس سے خواتین کے ذہنی اور جسمانی صحت پر منفی اثرات مرتب ہوتے ہیں۔ کرناٹک کے متعدد علاقوں میں مائیکرو فائنانس کے قرضوں کا اثر پورے معاشرتی ڈھانچے پر پڑا ہے۔ غریبوں کو قرض دینے کا نظام ان کے خاندانوں کو مالی طور پر تباہ کر رہا ہے۔ ان قرضوں کے نتیجے میں ہونے والی خودکشیوں نے ایک سنگین بحران کو جنم دیا ہے، جس سے پورا معاشرہ متاثر ہو رہا ہے۔ خاص طور پر خواتین اس نظام کا شکار ہیں اور ان کے لیے معاشرتی و اقتصادی مشکلات کا سامنا کرنا اور بھی مشکل ہو گیا ہے۔

کرناٹک میں آرڈیننس:

کرناٹک حکومت نے مسلسل شکایات اور اس مسئلے کی سنگینی کو مدنظر رکھتے ہوئے مائیکرو فائنانس اداروں کے خلاف سخت کارروائی کرنے کی منصوبہ بندی کی ہے۔ اور حکومت نے ایک آرڈیننس لانے کا فیصلہ کیا ہے، جس کا مقصد ان قرضوں کے غیر انسانی طریقوں کو روکنا ہے۔ اس آرڈیننس کے تحت حکومت نے قرض لینے والوں کے تحفظ

کے لیے چند اہم نکات شامل کیے ہیں، جن میں بلند شرح سود پر پابندی کے علاوہ قرض وصولی کے عمل کو شفاف اور غیر جارحانہ بنانا شامل ہے۔ اس میں قرضہ داروں کی ہراسانیوں پر روک لگانے کیلئے سوموٹو معاملات درج کرکے کارروائی کرنے، ضلعی سطح پر اومبڈس مین نظام رائج کرنے کے علاوہ دیگر اہم نکات کو شامل کیا گیا ہے۔ تاہم، اس آرڈیننس کے باوجود سوالات اٹھتے ہیں کہ کیا یہ اقدامات حقیقی طور پر مائیکرو فائنانس اداروں کے خلاف کارگر ثابت ہوں گے اور غریب عوام کو ان قرضوں کے بوجھ سے نجات ملے گی؟

کرناٹک حکومت کا حالیہ آرڈیننس مائیکرو فائنانس اداروں کے خلاف سخت اقدامات کا اشارہ ہے، لیکن اس میں نجی افراد کے ذریعے بلند شرح سود پر قرض فراہم کرنے اور بے رحمانہ وصولی کے خلاف مزید کارروائی کی ضرورت ہے۔ نجی قرض دہندگان کے ذریعے غریب عوام کو بلند شرح سود پر قرض دینا اور ان سے بے رحمی سے پیسہ وصول کرنا ایک سنگین مسئلہ ہے، جو لوگوں کی مالی حالت کو مزید بدتر بنا دیتا ہے۔ اس کے لیے حکومت کو ضروری قانونی اقدامات کرنے چاہئیں تاکہ قرض دہندگان کے غیر قانونی اور ظالمانہ طریقوں پر قابو پایا جا سکے، اور غریب عوام کو زیادہ سے زیادہ تحفظ فراہم کیا جا سکے۔ مائیکرو فائنانس کے استحصال سے بچنے اور غریب عوام کو تحفظ دینے کے لیے مزید اقدامات ضروری ہیں۔ حکومت کو یہ اقدام اٹھانے کی ضرورت ہے کہ وہ غریبوں کے لیے بلا سود قرضوں کا پروگرام شروع کرے تاکہ وہ سودی کاروبار کے جال سے بچ سکیں۔ حکومت کو مائیکرو فائنانس کمپنیوں کے خلاف سخت قانونی کارروائی کرنی چاہیے تاکہ قرض داروں کے ساتھ ہونے والی زیادتیوں کا تدارک ہو سکے۔

مائیکرو فائنانس کی منفی حقیقت سے عوام کو آگاہ کرنے کے لیے مالیاتی خواندگی کی

ضرورت ہے تاکہ غریب لوگ سمجھ سکیں کہ سودی قرض ان کی حالت مزید خراب کر سکتے ہیں۔ مقامی کاروباروں کو فروغ دے کر غریبوں کو اقتصادی طور پر مستحکم کیا جا سکتا ہے۔ حکومت کو ایسے پروگرامز متعارف کرانے چاہئیں جو افراد کو چھوٹے کاروبار شروع کرنے کی سہولت دیں۔

مائیکروفائنانس کا مقصد غریبوں کی مدد کرنا تھا، لیکن آج یہ نظام سود کے شکنجے میں گرفتار لوگوں کے لیے ایک لعنت بن چکا ہے۔ جب تک حکومت اس مسئلے کی جڑ تک نہیں پہنچے گی اور قرضوں کی شرائط اور وصولی کے طریقے شفاف نہیں ہوں گے، تب تک غریب عوام اس سسٹم کے بوجھ تلے دبے رہیں گے۔ ضروری ہے کہ قرض دینے والے اداروں کو سخت ضوابط کے تحت رکھا جائے تاکہ وہ عوام کے ساتھ غیر منصفانہ سلوک نہ کریں۔

یہ جو دھندلے سے منظر ہیں، یہ حقیقت کی پردہ پوشی ہے
خوابوں کی طرح یہ سب کچھ ہے، جو اصل میں کچھ بھی نہیں ہے
(احمد فراز)

یہ شعر مائیکروفائنانس کے قرضوں کی حقیقت اور اس کے غریب عوام پر اثرات کو ظاہر کرتا ہے، جہاں خوابوں کی طرح قرض کی سہولتیں پیش کی جاتی ہیں، لیکن حقیقت میں یہ ایک بڑا دھوکہ ہوتا ہے جو لوگوں کی زندگیوں کو تباہ کر دیتا ہے۔ جب تک معاشرتی نظام میں مساوات اور انصاف کا توازن برقرار نہیں رہے گا، تب تک اس قسم کے مسائل اور بحران موجود رہیں گے۔

مائیکروفائنانس کے نظام کی حقیقت اور اس کے اثرات کو سمجھنا ضروری ہے۔ اس نظام کے ذریعے غریبوں کو جو قرض فراہم کیا جاتا ہے، وہ ایک طرف ان کی زندگیوں کو

بہتر بنانے کا دعویٰ کرتا ہے، لیکن دوسری طرف وہ ان کے لیے تباہی کا سبب بنتا ہے۔ حکومت کی طرف سے کیے جانے والے اقدامات امید افزا ہیں، لیکن اس کے لیے زمینی سطح پر اقدامات کی ضرورت ہے تاکہ اس نظام کو عوام کے لیے فائدہ مند بنایا جاسکے۔ اس کے علاوہ مائیکرو فائنانس اداروں کے غیر انسانی رویوں کا تدارک کرنے کے لیے مزید سخت قوانین کی ضرورت ہے تاکہ غریب عوام اس لعنت سے نجات پاسکیں۔

***

بیگم انیس قدوائی

معصوم مرادآبادی

بعض لوگوں کے لیے یہ سوال اہم ہوسکتا ہے کہ بیگم انیس قدوائی کون تھیں اور ان کا مشغلہ کیا تھا، لیکن جو لوگ اردو ادب اور آزادی کی تاریخ سے دلچسپی رکھتے ہیں، ان کے لیے یہ نام نیا نہیں ہے۔ بیگم انیس قدوائی مجاہد آزادی، اردو کی بہترین انشاء پرداز، مزاح نگار، خاکہ نگار اور تاریخ نویس تھیں۔ ان کی تحریروں میں ایسی چاشنی اور دلکشی پائی جاتی ہے کہ انھیں پڑھ کر دیر تک لطف اندوز ہوا جاسکتا ہے۔ ان کے لکھے ہوئے بہترین خاکوں کا مجموعہ "اب جن کے دیکھنے کو۔۔"جن لوگوں کی نظروں سے گزرا ہے، وہ اس بات کی گواہی دیں گے کہ وہ خاکہ نگاری میں اپنی مثال آپ تھیں اور ایسے بہترین کردار تراشتی تھیں کہ انھیں اپنے وجود میں اتارنے کو جی کرتا ہے۔ انھوں نے بہترین طنزیہ اور مزاحیہ تحریریں لکھیں اور اردو ادب کو مالا مال کیا، مگر المیہ یہ ہے کہ آج تک ان کی یہ تحریریں ارباب علم وادب کی توجہ حاصل نہیں کرسکیں۔ یہی وجہ ہے کہ ان کا تعارف علمی اور ادبی حلقوں میں عام نہیں ہے۔ ان کی سوانح عمری ترتیب دینے والے انور صدیقی کے لفظوں میں:

"حیرت اس بات پر ہوتی ہے کہ اردو ظرافت پر لکھنے والوں نے انھیں یکسر فراموش کررکھا ہے۔ بات دراصل یہ ہے کہ ہم عرصے سے صرف پُرشور عظمتوں کی

طرف متوجہ ہونے کے عادی ہوگئے ہیں اور معمولی کے غیر معمولی پن کو دیکھنے اور سمجھنے کی صلاحیت سے محروم ہیں۔ یہ محرومی ہماری 'اخلاقی ناخواندگی' کا پتا دیتی ہے۔ ہماری ادبی زندگی میں ادھر چند برسوں میں انشائیہ میں دلچسپی کا احیا کم ہوا ہے۔ اس احیا کے نتیجے میں اچھے برے سبھی طرح کے انشائیہ نگاروں کی پرکھ کا کام خواہ وہ معیاری ہو یا غیر معیاری، ہوا ہے۔ ہماری ادبی تنقید کی یہ مجرمانہ غفلت کسی طرح بھی معاف نہیں کی جاسکتی کہ اس نے بیگم انیس قدوائی کے انشائیوں کو جن کے بغیر اردو انشائیے کا نسب نامہ مکمل نہیں کہا جاسکتا، نظر انداز کیا ہے۔ دیکھنا ہے کہ اتنا کچھ کہنے کے باوجود انیس ناشناسی کا دور کب ختم ہوتا ہے۔" (انور صدیقی، "غبار کارواں" ص ۱۱)

ان تاثرات کا اظہار انور صدیقی نے اب سے کوئی چالیس برس پہلے انیس قدوائی کی ناتمام خودنوشت "غبار کارواں" کے پیش لفظ میں کیا تھا، جو ۱۹۸۳ میں منظر عام پر آئی تھی، لیکن یہ صورتحال جوں کی توں برقرار ہے۔ نہ تو آج تک انیس قدوائی کی تحریروں کو ضابطہ تحریر میں لایا گیا ہے اور نہ ارباب ادب نے ان کی ادبی حیثیت کا تعین کیا ہے۔ یہ بیگم انیس قدوائی جیسی شائستہ ادیبہ کے ساتھ سراسر زیادتی ہے۔

انیس قدوائی ۱۹۰۶ میں اترپردیش کے مردم خیز خطہ بارہ بنکی میں پیدا ہوئیں۔ ان کے والد ولایت علی بمبوق اردو اور انگریزی کے بہترین مزاح نگار تھے، جن کا ۳۳ برس کی کم عمری میں ہیضہ سے انتقال ہوا۔ بیگم انیس قدوائی کی شادی نامور مجاہد آزادی رفیع احمد قدوائی کے بھائی شفیع احمد قدوائی سے ہوئی تھی، جو اترپردیش حکومت کے اعلیٰ افسر تھے اور جنھیں تقسیم کے دوران دہرہ دون میں فسادیوں نے بڑی بے دردی سے قتل کر دیا تھا۔ جامعہ ملیہ اسلامیہ، دہلی کے سابق وائس چانسلر انور جمال قدوائی ان کے چھوٹے بھائی تھے، جن کا سب سے بڑا کارنامہ جامعہ میں ابلاغ عامہ کے بہترین ادارے 'اے جے کے

ماس کمیونیکیشن ریسرچ سینٹر (ایم سی آر سی) کا قیام ہے۔ یہ ادارہ ان ہی کے نام سے منسوب ہے۔

بیگم انیس قدوائی کی پہلی تصنیف "آزادی کی چھاؤں میں" ملک کی تقسیم کی ہولناکیوں کی رونگٹے کھڑے کر دینے والی داستان ہے، جو کئی تکلیف دہ مراحل سے گزرنے کے بعد ۱۹۷۴ میں منظر عام پر آئی تھی۔ حالانکہ یہ ۱۹۴۹ میں ہی لکھ لی گئی تھی۔ میں نے اپنے زمانہ طالب علمی کے دوران درسی کتابوں کے علاوہ جو پہلی کتاب پڑھی تھی، وہ "آزادی کی چھاؤں" میں تھی جس کی تاریخی اہمیت کے سبب نیشنل بک ٹرسٹ نے اسے شائع کیا تھا۔ اس کتاب کا انگریزی اور ہندی ترجمہ بھی شائع ہوا تھا۔ یہ اپنے موضوع پر اپنی نوعیت کی اکلوتی کتاب ہے۔ بیگم انیس قدوائی نے گاندھی جی کی ہدایت پر تقسیم وطن کی خانماں برباد خواتین کو جو ریلیف پہنچائی اس کی کوئی دوسری مثال موجود نہیں ہے۔ وہ سبھدرا جوشی اور مردولا سارابائی کے شانہ بشانہ ان خواتین کی راحت رسانی میں پیش پیش رہیں، جن کا تقسیم وطن کے دوران سب کچھ لٹ گیا تھا۔ "آزادی کی چھاؤں میں" دراصل ان تلخ تجربات کی داستان ہے، جو تقسیم کے دوران پیش آئے۔ ان میں سب سے بڑا سانحہ تو خود ان کے شوہر کا بہیمانہ قتل تھا اور یہ ایسا غم تھا کہ اسے لے کر وہ ساری زندگی گزار سکتی تھیں، مگر انھوں نے اپنے وجود کو غم کدہ بنانے کی بجائے اپنی پوری توانائی تقسیم کے خانماں بربادوں کی زندگی میں رنگ بھرنے اور قومی یکجہتی کے فروغ میں صرف کر دی۔ یہی اس دور کا سب سے بڑا تقاضہ بھی تھا۔

وہ ۱۹۵۶ سے ۱۹۶۲ تک راجیہ سبھا کی رکن رہیں اور ۱۹۸۲ میں اپنے انتقال تک عوامی خدمت کے فرائض انجام دیتی رہیں۔ "آزادی کی چھاؤں میں" کے علاوہ ان کی تین اور کتابیں شائع ہوئیں، جن میں بہترین انشائیوں کا مجموعہ "نظرے خوش

گزرے "(۱۹۷۶)، بہترین خاکوں کا مجموعہ "اب جن کے دیکھنے کو"(۱۹۸۰)اور ان کی نامکمل آپ بیتی "غبار کارواں "(۱۹۸۳)شامل ہیں۔ میری خوش قسمتی یہ ہے کہ یہ چاروں کتابیں میرے ذاتی کتب خانہ میں موجود ہیں۔ میں نہ جانے کب سے ان پر قلم اٹھانے کی کوشش کر رہا تھا، مگر درمیان میں ہمیشہ میری علمی کم مائیگی آڑے آتی رہی۔ آج بہت ہمت کرکے میں اس فریضے کو ادا کرنے بیٹھا ہوں تو وہی معاملہ درپیش ہے۔ بہر حال کوشش کروں گا کہ اس مضمون کے ذریعہ آپ بیگم انیس قدوائی اور ان کی ادبی خدمات سے روبرو ہو سکیں۔

بیگم انیس قدوائی کی شخصیت اور فن پر ایک اکلوتی تحریر انور صدیقی نے لکھی ہے جو ان کی آپ بیتی "غبار کارواں" کے مرتب بھی ہیں۔ انور صدیقی جامعہ ملیہ اسلامیہ میں انگریزی ادبیات کے پروفیسر تھے اور اردو پر بھی عبور رکھتے تھے۔ یہ تحریر "غبار کارواں" کے پیش لفظ کے طور پر شائع ہوئی ہے۔ اس کے علاوہ ان کی شخصیت اور فن پر کوئی اور مضمون میری نظر سے نہیں گزرا۔ یہ تحریر اب سے چالیس برس پہلے ۱۹۸۳میں شائع ہوئی تھی، اس کے بعد بہت گہرا سناٹا ہے، میں یہ تو نہیں کہہ سکتا کہ میرا یہ بے ترتیب مضمون اس سناٹے کو چیرنے کا کام کرے گا، لیکن اتنا ضرور ہے کہ مجھے بیگم انیس قدوائی کی تحریروں نے متاثر کیا ہے اور میں انھیں بار بار پڑھتا ہوں۔ یہ مضمون ان سے میری اسی عقیدت کا اظہار ہے۔

سب سے پہلے ان کے خاکوں کے دلچسپ مجموعہ "اب جن کے دیکھنے کو" سے رجوع ہوتے ہیں، جس کا پہلا خاکہ ان کے والد ولایت علی بمبوق سے متعلق ہے، جو مولانا محمد علی جوہر کے انگریزی اخبار "کامریڈ" کے مزاحیہ کالم نگار کے طور پر زیادہ معروف ہیں۔ وہ لکھتی ہیں:

"آپ نے میرے والد ولایت علی بمبوق کے بارے میں پوچھا ہے۔ پہلے ایک ضروری تصحیح کر دوں کہ "میر ولایت علی" سر سید اور سید محمود کے دور کے علی گڑھ کالج میں استاد تھے۔ اور میرے والد "شیخ ولایت علی قدوائی" وہاں ایک طالب علم کچی بارک علی گڑھ کے کھلنڈروں میں اپنی ذہانت، ظرافت اور تحریری شوخی کو 'بمبوق' کے فضول لقب میں چھپا کر 'کامریڈ' کے گپ کالم اور 'نیو ایرا' کے مزاحیہ کالم لکھا کرتے تھے۔ مجھے یاد ہی کیا ہے جو بتاؤں۔ بارہ سال کی عمر میں سوا چند دھندلی یادوں کے اور مجھے ملا ہی کیا تھا۔ لیکن اس وقت یادوں کے ذخیرے میں سے ایک تندرست سرخ وسفید چہرہ ابھرتا ہے۔ خوب اونچا قد، بھرا ہوا جسم۔ سر پر سیاہ کسی قدر گھنگھرالے بال اور سفید براق سالباس۔ یہ ہیولا کبھی سفید انگرکھے اور دوپلّی چکن کی ٹوپی میں کبھی جامدانی اور جامہ وار کی شیروانی، ڈھیلی مہری کے پاجامے اور مخملی جوتے میں نظر آتا ہے، کبھی دوستوں کی محفل میں قہقہے لگاتے ہوئے، کبھی موکلوں کے ہجوم میں گھرے ہوئے اور کبھی زنان خانے میں ماں بہنوں کے جھرمٹ میں۔ یہ تھے ولایت علی 'بمبوق'۔ بس یہی حلیہ اس وقت نظروں میں ہے۔"

بیگم انیس قدوائی اس خاکے میں آگے لکھتی ہیں:

"قدامت پسند خاندان کے سخت ترین دستور کے مطابق میں اپنے باپ سے زیادہ بابا سے، چچاؤں سے اور چچیرے بھائیوں سے بے تکلف تھی۔ باپ تو شاید میرے بڑھتے ہوئے قد سے بھی شرماتے تھے۔ لیکن کبھی کبھار بزرگوں کی غیر موجودگی میں مجھ سے بھی مخاطب ہو جاتے تھے، ورنہ میری ان سے گفتگو ہی بہت کم ہوتی تھی۔ لاڈ پیار کا کیا ذکر۔ میں نے تو جو کچھ سنا، اپنی ماں سے، بزرگوں سے اور والد کے دوستوں سے سنا۔ جولائی ۱۹۱۸ کی ایک رات ہیضے کی وبا نے ہمارے گھر سے برسوں کے لیے ہنسی، قہقہہ اور

اطمینان سکون ختم کر دیا اور شاید میری اٹھائیس سالہ بیوہ ماں کے لیے زندگی کے آخری لمحے تک۔ دادی چونکہ دھوم دھام سے ان کی سال گرہ منایا کرتی تھیں، اس لیے ان ہی سے معلوم ہوا۔ اس وقت ان کی عمر صرف ۳۳سال تھی۔"

اپنے والد اور خاندان کے بارے میں اسی خاکہ میں وہ لکھتی ہیں:

"شیخ زادوں کے اس قبیلے میں جن کا اپنے مورث اعلا قاضی قدوۃ الدین کی وجہ سے "قدوائی" لقب قرار پایا تھا، ممتاز علی صاحب زمین دار کے گھر غالباً ۱۸۸۴ یا ۱۸۸۵ میں ولایت علی صاحب پیدا ہوئے۔ اردو، فارسی، عربی کی تعلیم گھر پر ہوئی۔ پھر گورنمنٹ اسکول بارہ بنکی سے انٹرنس پاس کیا اور اینگلو محمڈن کالج علی گڑھ سے انیس سال کی عمر میں بی اے میں کامیابی حاصل کی۔ اکیس یا بائیس سال کی عمر میں ۱۹۰۶ میں ایل ایل بی مکمل کر کے بارہ بنکی میں آکر وکالت شروع کر دی تھی۔"

"قدوائیوں کے اس خاندان نے سرسید کی تعلیمی تحریک سے متاثر ہو کر شاید بہت جلد انگریزی تعلیم شروع کر دی تھی کیونکہ 'بمبوق' صاحب کے بڑے بھائی کسی ضلع میں تحصیلدار تھے اور ایک پھوپھی زاد پہلے سے بارہ بنکی میں وکالت کر رہے تھے۔ عورتوں کی تعلیم کے متعلق بھی اس خاندان کے خیالات بدل چکے تھے۔ اسی لیے 'بمبوق' کی شادی میں دشواری پیش آئی۔ پہلے انھوں نے بچپن کی منگیتر کے ساتھ شادی کرنے سے انکار کیا۔ پھر ایک راجا صاحب کے یہاں شادی پر راضی نہ ہوئے۔ اور آخر کار ۱۹۴۰ میں میری والدہ سے ان کی شادی ہوئی جو اس زمانے کی پڑھی لکھی خوبصورت لڑکی تھیں۔ خوبصورت خط لکھتی تھیں اور اپنے ساتھ کتابوں کے کئی سیٹ جہیز میں لائی تھیں۔"

("اب جن کے دیکھنے کو" ص ۷و۸)

اس طویل اقتباس کو نقل کرنے کا مقصد یہ تھا کہ آپ بیگم انیس قدوائی کے والد،

ان کے خاندان اور گھریلو حالات سے واقف ہو سکیں اور ان کی خاکہ نگاری سے بھی محظوظ ہوں۔ اس مجموعہ میں ۱۳/ خاکے ہیں۔ ان میں اپنے والد کے علاوہ رفیع احمد قدوائی، مولانا محمد علی، شفیق الرحمن قدوائی، چودھری محمد علی ردولوی، مرزا ابوالفضل، ڈاکٹر کچلو (سیف الدین) اجتماع ضدین، مردولا سارا بائی، جواہر لال نہرو، قدسیہ زیدی، حافظ جمن، ڈاکٹر سید عابد حسین جیسے لوگوں کے نہایت مرصع خاکے ہیں، جنھیں پڑھتے ہی رہنے کو جی چاہتا ہے۔'اجتماع ضدین" ایک صاحب کا خاکہ ہے جن کا نام نہیں لکھا گیا ہے۔ وہ علی گڑھ میں ڈاکٹر سلیم الزماں کے کلاس فیلو رہ چکے تھے۔ بیگم انیس قدوائی نے انھیں دہلی میں رفیع احمد قدوائی کی کوٹھی ٦/ کنگ روڈ پر دیکھا تھا۔ ان کے بارے میں وہ لکھتی ہیں:

"تنہا اور تنہائی پسند۔ انتہائی بے ضرر۔ بیوی بچوں اور خاندان سے مستغنی۔ مگر اوقات اور معمول کے سختی سے پابند۔ دن کے چوبیس گھنٹوں میں تقریباً چھ گھنٹے ضرور غسل خانے میں گزارتے تھے۔ ان کی مسہری پر بستر بند میں بستر لپٹا ہوا لیٹا رہتا تھا۔ صرف دو تسمے بندھے رہتے تھے۔ رات میں جب وہ ہاتھوں کو غسل دے کر باتھ روم سے برآمد ہوتے تو آہستہ سے چٹکی پکڑ کر اس ہولڈ ال کا منہ کھولتے اور پیروں کے راستے اس میں گھس جایا کرتے۔ پڑھتے بہت تھے۔ باتیں کم کرتے تھے۔ حتیٰ کہ سلیم صاحب کے بے تحاشا مذاق پر صرف دو ایک بار اچھل کر پھدک کر ہنستے ہوئے باہر چلے جاتے کیوں کہ جواب نہیں بن پڑتا تھا۔ دنیا کے تمام مذاہب کو مانتے تھے، مگر عمل کسی پر نہیں کرتے تھے۔"('اب جن کے دیکھنے کو'، ۷۵-۷۶)

بیگم انیس قدوائی نے اوائل عمری میں لکھنا شروع کر دیا تھا اور ان کا پہلا مضمون ۱۹۲۸ میں رسالہ "عصمت" دہلی میں شائع ہوا تھا، یہ مضمون اس دور کی مروجہ نثر سے ہم آہنگ تھا۔ انھوں نے ڈرامہ نگاری میں بھی قدم رکھا اور اس دور میں ایک ڈرامہ "جہالت

کی شکست" لکھا تھا جو اگست ۱۹۳۱ء رسالہ "عصمت" کے سالگرہ نمبر میں شائع ہوا تھا۔ اس ڈرامے میں اساطیری رنگ کے ایسے کردار ہیں جو تمثیلی اظہار کی سطح سے بلند نہیں ہو پاتے۔ اس کے ایک سال بعد ۱۹۳۲ء میں انھوں نے ایک مختصر افسانہ بھی لکھا تھا جس کا عنوان تھا" پیر جی ناراض ہو گئے "۔ نقلی پیروں کے ہاتھوں سادہ لوح عوام کے استحصال کے موضوع پر مبنی یہ افسانہ دراصل ایک مکالمہ ہے جو ایک ذہین مسلمان عورت اور ایک پیر صاحب کے درمیان ہوتا ہے۔ اس میں افسانویت تو کم ہے مگر مکالموں میں تیزی اور تندی کے علاوہ بلا کی دھار بھی ہے۔ ان دونوں تحریروں کے مطالعہ سے اندازہ ہوتا ہے کہ انھوں نے افسانہ نگاری اور ڈرامہ نویسی کو باقاعدگی سے اپنایا ہوتا تو ان اصناف میں بھی اپنی انفرادیت کے نقوش ضرور چھوڑ جاتیں۔

" نظرے خوش گزرے"، ان کے مضامین اور انشائیوں کا پہلا مجموعہ تھا۔ اس میں شامل ایک انشائیے "شوہروں کی قسمیں" کے بارے میں انور صدیقی کا خیال ہے کہ "یہ اردو کے بہترین انشائیوں کے سخت سے سخت انتخاب میں جگہ پا سکتا ہے، مگر حیرت اس بات پر ہوتی ہے کہ اردو ظرافت لکھنے والوں نے اسے یکسر فراموش کر رکھا ہے۔"

" نظرے خوش گزرے" میں شامل انشائیے "شوہروں کی قسمیں" کا ایک اقتباس ملاحظہ ہوں:

"سنکی تعلیم یافتہ بیوی سے جھگڑے میں ساری عمر صرف کرتا ہے اور جاہل کندہ ناتراش بیوی کو خراد نے میں زندگی گنوا دیتا ہے، لیکن مایوسی کے سوا کچھ ہاتھ نہیں لگتا۔ کہتے ہیں کہ جب سقراط کو جب زہر کا پیالہ پینے کے لیے دیا گیا تو اس کی بیوی رونے لگی۔ سقراط نے کہا "نیک بخت زہر میں پی رہا ہوں، تو کیوں روتی ہے۔" بیوی نے جواب دیا۔ "اس لیے روتی ہوں کہ تم بے گناہ مارے جا رہے ہو۔" کہنے لگا"ہش پھر کیا تو چاہتی تھی

کہ میں گنہگار مارا جاتا۔ " یہ تھی سب سے اعلیٰ قسم کے سنکی شوہر کی بیوی۔ بیوی کو اس وقت معلوم نہیں کیا کچھ یاد آرہا ہوگا۔ دنیا آنکھوں میں اندھیر معلوم ہوتی ہوگی۔ گناہ و بے گناہی کا فلسفہ کب یاد آتا۔ " (نظرے خوش گزرے "ص ۲۰۱)

" نظرے خوش گزرے " کے تمام مضامین انشائیہ کے زمرے میں نہیں آتے مگر ان میں مزاح کی چاشنی، شگفتہ نکتہ رسی اور خوش طبعی جیسے اوصاف بیگم انیس قدوائی کی شخصیت کا حصہ ہونے کی وجہ سے ان کے اسلوب کا سب سے اہم عنصر ہیں۔ یہی عناصر ان کے ادبی اسلوب کا شناس نامہ ہیں۔ وہ خود بھی مزاح کو زندگی کے المیاتی احساس پر قابو پانے کا ذریعہ سمجھتی تھیں۔ "

('غبار کارواں'، ص ۱۱)

" نظرے خوش گزرے " کے پیش لفظ میں وہ خود اپنی تحریروں پر یوں اظہار خیال کرتی ہیں:

" مجھے نہیں معلوم، اردو ادب کو ان مضامین سے کتنا فائدہ ہوگا، کتنا نقصان! میرا لکھنے کو دل چاہا، میں نے لکھا بغیر سود وزیاں کے اندازے کے۔ جب جی گھبرایا، کچھ لکھ ڈالا۔۔۔ زندگی کی حقیقتوں سے فرار کا یہی راستہ مجھے نظر آیا اور دلی سکون اسی سے حاصل ہوا، بہر حال خوش رہنے کا اس سے بہتر ذریعہ اور کون ہو سکتا تھا کہ کسی پر ہنسو، اپنے آپ پر ہنسو۔ اپنے آپ پر اور دوسروں پر طنز و مزاح کے تیر چلاؤ اور پھر آہستہ آہستہ چوٹ کی کسک محسوس کرو۔ "

(' نظرے خوش گزرے 'ص ۴)

بیگم انیس قدوائی کی چوتھی اور آخری کتاب "غبار کارواں" ہے جو ان کی نامکمل خود نوشت ہے۔ انھوں نے ۷۲ سال کی عمر میں اسے لکھنا شروع کیا تھا اور وہ اپنی زندگی کی

حکایت کو ۱۹۲۶ تک ہی لا پائی تھیں کہ ان کی صحت بگڑنے لگی اور انھوں نے اسے مکمل کرنے کا ارادہ ترک کر دیا۔ 'غبار کارواں' کے مرتب انور صدیقی اس کے پیش لفظ میں لکھتے ہیں:

"غبار کارواں' صرف انیس آپا کی زندگی کی کہانی نہیں ہے، اس میں ہماری معاشرتی، تہذیبی اور سیاسی زندگی کے بہت سے ایسے نقوش ہیں جنھیں ان کے قلم نے بڑی خوبی اور خوبصورتی سے ابھارا اور محفوظ کیا۔ اسے آپ Family Saga کے طور پر بھی پڑھ سکتے ہیں اور تہذیبی اور سیاسی تاریخ کی حیثیت سے بھی۔ اس میں آپ ایک جاتی ہوئی دنیا کا حسن بھی دیکھ سکتے ہیں اور ایک آتی ہوئی تہذیب کے قدموں کی چاپ بھی سن سکتے ہیں۔ بیگم انیس قدوائی کے حوالے سے بات کروں تو کہوں گا کہ یہ ایک ادھورا رزمیہ ہے، مسلم متوسط گھرانے کی ایک عورت کا جو اپنی شناخت کے سفر پر نکلتی ہے اور طرح طرح کی مشکلات و موانع کے باوجود کامیاب و کامراں ہوتی ہے۔"

('غبار کارواں' صفحہ ۱۹-۲۰)

یہ تھی بیگم انیس قدوائی کی مختصر کہانی جسے میں نے ان کی کتابوں کی مدد سے ترتیب دیا ہے۔ ۱۶/ جولائی ۱۹۸۲ کو ان کی زندگی کا سفر ختم ہوا۔ یہ رمضان کا مہینہ اور جمعہ کا دن تھا۔ ان کی نامکمل آپ بیتی "غبار کارواں" کا انگریزی ترجمہ "ڈسٹ آف دی کارواں" کے عنوان سے ان کی بیٹی عائشہ قدوائی نے کیا ہے۔

***

قائدِ ہند الحاج محمد اختر باروی:
عظیم مجاہدِ آزادی

مفتی محمد خالد حسین نیموی قاسمی

ہندوستان کو انگریزوں کے پنجۂ استبداد سے آزاد کرانے کے لیے بے شمار جیالوں نے عظیم قربانیاں دی ہیں۔ ہزاروں غیور اہل وطن نے جان ومال عہدہ ومنصب، زمین و جائیداد اور گھر وبار کی قربانیاں پیش کی ہیں۔ قربانیوں کے انمٹ نقوش قائم کرنے کے بعد انھوں نے وطن عزیز کو آزاد کرایا۔

آزادی کے ان جیالوں میں ایک باوقار نام قائد ہند الحاج سید محمد اختر باروی کا بھی ہے۔ آزادی وطن کے لیے عظیم خدمات انجام دینے کے باوجود مجاہد آزادی کی حیثیت سے ان کا نام پردۂ گمنامی میں چھپا ہوا ہے، ضرورت ہے کہ ان جیسے گمنام مجاہدین آزادی کی خدمات کو نسل نو کے سامنے اجاگر کیا جائے، تاکہ نئی نسل اپنے ان محسنوں کی قربانیوں سے روشناس ہوکر انھیں خراج عقیدت بھی پیش کرے اور ان کے نقش قدم پر چلتے ہوئے ملک وملت کے لیے بے لوث خدمات بھی انجام دے سکے۔

اختر باروی مرحوم کا تعلق بھی اسی قدیم مردم خیز خطے "بارو" ضلع بیگوسرائے بہار سے تھا جس سے مشہورِ زمانہ اردو لغت "فرہنگ آصفیہ" کے مصنف جناب سید احمد دہلوی

کی نسبت تھی۔ دہلوی نسبت نے بارو سے ان کی اور ان کے آباء واجداد کی نسبت کو پردۂ خفا میں ڈال دیا۔ سید احمد باروی ثم دہلوی کے والد تحریک شہیدین کے ایک فرد تھے اور امیر المومنین سید احمد شہید رائے بریلی اور شاہ اسماعیل شہید کے ساتھ جہاد حریت اور اعلاء کلمۃ کے لیے قتال فی سبیل اللہ کا مقدس فریضہ انجام دے چکے تھے۔

بارو کے معنی قلعہ کے ہیں۔ بارو، برونی جنکشن ریلوے اسٹیشن کے جنوب کی جانب ایک قدیم و معروف قصبہ ہے۔ اسی قصبہ میں سید محمد اختر باروی ۷ انومبر ۱۹۱۸ء میں پیدا ہوئے۔ ان کے والد کا نام مولوی محمد عیسی ہے، جو ایک بڑے زمین دار تھے، ان کی شادی شہرۂ آفاق محدث اور "الیانع الجنی فی اسانید الشیخ عبد الغنی المجددی" کے نامور مصنف علامہ شیخ محسن بن یحییٰ ترہتی خضر چک بیگوسرائے کے بھانجہ سید امیر الدین اشرف گیلانی عرف میاں جان بابو، سابق متولی خضر چک اسٹیٹ کی صاحبزادی کے ساتھ ہوئی۔ اختر باروی کے اجداد کا وطنی تعلق کھگڑیا ضلع کے ایک سب ڈویژن گوگری سے قریب واقع موضع "بورنا" سے تھا۔ مولوی عیسی ۱۸۷۲ء میں بورنا سے ہجرت کر کے بارو میں قیام پذیر ہو گئے تھے۔ چار سال کی عمر میں والدہ کا انتقال ہو گیا تھا۔ جب کہ چوبیس سال میں والد کا بھی انتقال ہو گیا۔۔

اختر باروی اپنے والدین کے اکلوتے فرزند تھے۔ اوائل میں سینٹ جوسف اسکول کلکتہ سے میٹرک پاس کیا، ۱۹۴۰ء میں بی-این کالج پٹنہ سے فارسی آنرس میں بی۔ اے۔ کی سند حاصل کی۔

یہ وہ زمانہ تھا جب جنگ آزادی شباب پر تھی اس تحریک نے کتنے ہی نوجوانوں کے دل و دماغ میں استخلاص وطن اور انگریزی اقتدار سے نفرت کی چنگاریاں بھر دی تھیں، محمد اختر باروی کے اندر بھی یہ چنگاریاں شعلہ جوالہ بن کر خرمن باطل کو خاکستر کرنے کو

بے تاب تھیں۔ بقولِ شاعر:

ہر چند بگولہ مضطر ہے اک جوش تو اس کے اندر ہے
اک وجد تو ہے؛ اک رقص تو ہے، بے چین سہی برباد سہی
(اکبر الہ آبادی)

گریجویشن مکمل ہونے کے فوراً بعد بعد جنگ آزادی میں کود پڑے۔

اپنے بزرگوں کی روایات کے مطابق سید اختر باروی نے اپنی جوانی کے ایام کو انگریزوں کے خلاف آزادی کی جدوجہد میں صرف کیا۔ موصوف دینی شعور سے لبریز، نیک وصالح کردار کے حامل نوجوان تھے۔

ان مشاغل کے ساتھ قرآن کریم سے ان کی گہری وابستگی بھی تھی۔ اسی دوران خاکسار پارٹی کے پانی علامہ عنایت اللہ مشرقی کے افکار وخیالات سے بے حد متاثر ہوئے۔

اس وقت کی خاکسار پارٹی گرمجوش جماعت میں شمار کی جاتی تھی۔

سید اختر باروی خاکسار پارٹی کے نہ صرف رکنیت حاصل کی؛ بلکہ تنظیمی کاموں میں بلا کے جوش و جذبہ کا مظاہرہ کرتے ہوئے علامہ مشرقی کے دست راست کی حیثیت سے شہرت حاصل کی۔

انگریزوں نے انہیں کئی مرتبہ گرفتار کیا۔ کبھی پٹنہ تو کبھی ملتان جیل کی کالی کوٹھریوں میں اسیری کے ایام گزارنے پڑے، لیکن پائے استقامت میں لغزش نہیں پیدا ہوئی۔ ہر حال میں ہمت وجوانمردی کے ساتھ رہے۔ دلیرانہ انداز میں پارٹی میں نظم وضبط قائم کیا اور بہار ویوپی میں زبردست کارکردگی کی بنیاد پر پارٹی کمان نے انہیں بہار اور اترپردیش کا (سیکرٹری جنرل) ناظم اعلیٰ مقرر کیا: یہاں تک کہ خاکسار پارٹی نے موصوف کو "قائد اعظم ہند" کے لقب سے بھی سرفراز کیا۔

ملک کی آزادی کے بعد ۱۹۴۸ میں اختر باروی اپنے وطن "بارو" واپس آئے۔ اس وقت انھوں نے اپنی زندگی کی اکتیس (۳۱) بہاریں دیکھی تھیں۔۔ آزادی کے بعد قائم ہونے والی حکومت نے مجاہدین آزادی کے اکرامیہ کے طور پر وظیفہ جاری کیا، تو یہ وظیفہ تاحیات انھیں بھی ملتا رہا۔ ان کی وفات کے بعد یہ وظیفہ ان کی اہلیہ کو ملا کرتا تھا۔

سنہ انیس سو بہتر (۱۹۷۲) میں وزیر اعظم ہند محترمہ اندرا گاندھی نے مجاہد آزادی کی حیثیت سے ایک یادگار مومنٹو پیش کیا جس پر ہندی رسم الخط میں یہ تحریر کندہ ہے۔

آزادی کے پچیسویں سال مکمل ہونے کے موقع پر جنگ آزادی میں جناب سید اختر باروی کی غیر معمولی سمرپیہ یوگدان کے لئے راشٹر کی طرف سے پردھان منتری شریمتی اندرا گاندھی نے بھینٹ کیا۔۔

اپنے وطن بارو واپسی کے بعد اختر مرحوم کی ۱۹۵۰ء میں پٹنہ سیٹی میں کے ایک معزز خانوادہ میں شادی ہوئی۔ یہاں سے بارو میں ان کی زندگی کا دوسرا دور شروع ہوتا ہے۔ ۱۹۵۰ء اپنی نانی اماں کے ساتھ آپ نے حج کے فریضہ کو انجام دیا۔ دوران حج انہوں نے حج کے علاوہ طواف و عمرہ میں بھی گرمجوشی کا مظاہرہ کیا۔

شوق کا یہ عالم تھا کہ ایک دن میں ایک درجن سے زیادہ طواف کرلیا کرتے تھے۔ ہر طواف سات شوط پر مشتمل ہوا کرتا ہے کبھی ایک دن میں کئی بار عمرے بھی کر لیا کرتے تھے۔ یہ ان کے ایمانی جذبے کا کمال تھا! مقدس سفر حج سے واپسی کے بعد موصوف نے بارو میں سماجی خدمات کا سلسلہ شروع کیا۔

اس کے علاوہ دینی کتب بالخصوص قرآن کریم کی تلاوت اور ترجمہ و تفسیر کی مدد سے اسکو سمجھ کر پڑھنے کا بھی بڑا شوق تھا، اس طور پر آپ کے پاس وافر معلومات کا خزانہ تھا، اور قرآن فہمی میں بھی طاق تھے۔ اپنی گفتگو میں میں بلا تکلف قرآن کریم کی آیات

پیش کر کے ان سے استشہاد کرتے۔ اخلاقی صفات سے بھی بھر پور حصہ پایا تھا۔ نرم دل تھے، سب کے دکھ درد میں شریک ہوتے تھے، کمزوروں اور غرباء کا خیال کرتے تھے، معاملہ فہم تھے۔ آپس میں صلح صفائی کرانے میں مہارت تھی۔ خدمت خلق کی بدولت جس طرح مسلمانوں میں محبوب تھے، غیر مسلموں کے طبقہ میں بھی بڑی مقبولیت رکھتے تھے۔ ۱۹۷۴ تک لگاتار گاؤں کے مکھیا منتخب ہوتے رہے۔ اس کے بعد ایک عرصہ تک سر پنچ کی حثیت سے بھی خدمات انجام دیتے رہے، تقریری صلاحیت بہت عمدہ تھی۔ اردو فارسی اور انگریزی زبان پر مہارت حاصل تھی۔ حالات حاضرہ سے باخبر رہتے تھے اور عصر حاضر کے کے بین الاقوامی مسائل کو جاننے کے لیے اردو، اور ہندی اخبارات کے ساتھ انگریزی اخبار پابندی سے پڑھا کرتے تھے۔ مسلسل تلاوت کی وجہ سے قرآن کریم کے کئی پارے انھیں حفظ ہو گئے تھے۔ جس کا نتیجہ تھا کہ بارو کی جامع مسجد میں امام کی غیر موجودگی میں میں پنج وقتہ جماعت کے علاوہ جمعہ کی نماز بھی پڑھایا کرتے تھے۔

کبھی کبھی جمعہ کے خطبہ سے قبل پر مغز تقریر کیا کرتے تھے۔ بارو کے مشہور عالم و مفسر قرآن حضرت مولانا محمد قریش باروی کے انتقال کے بعد سید اختر باروی تاحیات عیدین کی نماز کی امامت فرماتے رہے۔

پروفیسر شمیم احمد باروی محمد اختر باروی کے قریبی رشتہ دار ہیں اور بہت قریب سے ان کے اوصاف اور خدمات کا مشاہدہ کیا۔ مرحوم کے حوالے سے اظہارِ خیال کرتے ہوئے فرماتے ہیں کہ: موصوف میرے پھوپھی زاد بھائی تھے۔ میں نے جیسے ہوش سنبھالا میں نے دیکھا کہ اختر بھائی روزانہ انتہائی محبت کے ساتھ میرے سلام اور میرے سوال کا جواب دیتے اور میری تحریر و املاء درست کراتے، اس طرح وہ میرے مشفق استاد بھی تھے۔ مجھ پر وہ بہت بھروسہ کرتے تھے۔ چنانچہ جب میں نے اے۔ این ڈی کالج شاہ پور

پٹوری جوائن کیا تھا۔ تو انہوں اپنے بڑے صاحبزادے شہاب الدین محمد سرور کو میٹرک پاس کرنے کے بعد میرے سپرد کر دیا اور اللہ کے فضل سے عزیزی سرور نے کامیابی کے ساتھ بی ایس سی کی ڈگری حاصل کی۔

ان کے متعلقین بتاتے ہیں کہ اختر باروی مرحوم کو شکار کا بڑا شغف تھا' وہ بڑے شکاری تھے، ان کا نشانہ بے خطا تھا۔ بندوق و رائفل دونوں رکھتے تھے، نیل گائے اور پرندوں کے شکار کے علاوہ مچھلی کے شکار میں بھی مہارت حاصل تھی۔ شکار کے لئے مختلف علاقوں میں جایا کرتے تھے، شکار کے لئے باقاعدہ ان کی ٹیم تھی،۔ آپ کی شخصیت بڑی جاذب نظر تھی، دراز قد صحت مند جسم تھا۔ شیروانی، ٹوپی اور پاجامہ عام لباس تھا، ہاتھ میں ایک خاص قسم کی چھڑی ہوتی تھی،۔ باغبانی کا بھی شوق تھا' رہائش گاہ کے جنوب کی جانب ایک چھوٹا سا باغ تھا۔ جس میں انواع واقسام کے پودے اور درخت تھے: یہاں چہل قدمی بھی کیا کرتے تھے۔ رکھ رکھاؤ میں بہت نفاست تھی۔ اپنی ایک کار بھی تھی جسے خود ڈرائیو کیا کرتے تھے۔ ہر لحاظ سے ایک ہشت پہل علمی و عملی شخصیت کے مالک تھے اور بجا طور وہ اپنی ذات میں ایک انجمن تھے۔

اللہ رب العالمین نے آپ کو دو بیٹے اور دو بیٹیاں عطا کیں۔ بڑے صاحبزادہ کا نام شہاب الدین محمد سرور ہے چھوٹے کا نام سراج الدین محمد تاجور ہے۔ دونوں اعلی تعلیم یافتہ اور صاحب اولاد ہیں اور بارو ہی میں رہتے ہیں۔ سماجی و ملی مسائل سے دل چسپی رکھتے ہیں، اپنے والد کی نیک نامی کی وراثت سنبھال کر چل رہے ہیں۔ دونوں بھائی ماشاء اللہ راقم السطور سے بڑی محبت رکھتے ہیں، سرور صاحب نے اپنی دونوں بچیوں کا عقد مسنون انجام دینے کے لیے اس عاجز کو اصرار مدعو فرمایا۔ دونوں بیٹیاں روحی ملیما اور رفعت امین اپنے شوہروں اور بال بچوں کے ساتھ خوشحال زندگی گزار رہیں ہیں۔

جناب محمد اختر صاحب سے متعلق بنیادی معلومات ہمیں آپ کے خانوادہ کی ایک دانشور شخصیت جناب پروفیسر شمیم احمد باروی صاحب اور ان کے صاحبزادگان سے حاصل ہوئیں۔ ہم ان کے شکر گذار ہیں۔

۱۹۸۷ء رمضان المبارک میں بیمار ہیں، ڈاکٹروں نے روزہ توڑنے کو کہا، لیکن آپ کی غیرت ایمانی نے اسے گوارا نہیں کیا اور آپ نے پورے مہینے کا روزہ رکھا۔ عید کے بعد دہلی لے جائے گئے۔ ڈیڑھ مہینے کے علاج و معالجہ کے بعد ڈاکٹروں نے کینسر کے شبہ کا اظہار کیا، چنانچہ دہلی سے ویلور بغرض علاج لے جائے گئے۔

در ایں اثنا خاکسار پارٹی کے لوگوں کو خبر ہو گئی۔ چنانچہ بڑی تعداد میں خاکسار سے وابستہ لوگ عیادت کے لئے حاضر ہو گئے۔ یہاں تک کہ ویلور روانگی کے وقت سینکڑوں کا مجمع دہلی اسٹیشن پر موجود تھا، سب نے اشکبار آنکھوں سے اپنے محبوب رہنما کو الوداع کہا۔ ویلور ہاسپٹیل میں بارہ تیرہ دن رہے۔ یہاں بھی پارٹی کے لوگوں کا عبادت کے لئے موجود رہے۔ ۲۱ جولائی ۱۹۸۷ کو اس مجاہد آزادی نے غریب الدیاری کی حالت میں وطن سے بہت دور آخری سانس لی اور سفر آخرت پر روانہ ہو گیا۔

ہزاروں سال نرگس اپنے بے نوری پہ روتی ہے
بڑی مشکل سے ہوتا ہے چمن میں دیدہ ور پیدا

غریب الدیار ہونے کے باوجود ویلور میں ان کے چاہنے والوں نے ان کو زبردست خراج عقیدت پیش کیا، ایک عمارت "اخوت منزل" میں جسد خاکی کو خاکسار پارٹی کے پرچم میں لپیٹ کر رکھا گیا۔ نماز جنازہ میں بڑی تعداد میں لوگوں نے شرکت کی۔ ویلور کے قریب —ٹیپو سلطان کے قلعہ کے شمال کی جانب محلہ کے قبرستان میں تدفین عمل میں آئی۔ ان کے مزار پر جو کتبہ لگایا گیا اس میں نام پیدائش اور وفات کی تاریخ کے ساتھ ان

کالقب " قائد ہند " بھی تحریر ہے۔

اللہ رب العالمین آپ کی خدمات جلیلہ کو قبول فرمائے اور جنت الفردوس میں اعلیٰ مقام عطا فرمائے آمین۔

***

میجر جنرل شاہ نواز خان: لال قلعہ پر سب سے پہلے ترنگا جھنڈا لہرانے والے

افروز عالم ساحل

مغلیہ سلطنت کے سنہری دور کی یادگار لال قلعہ سے سب ہی واقف ہیں۔ یہ وہی قلعہ ہے جس کے دیوانِ خاص میں موجود تخت طاؤس پر بیٹھ کر مغلیہ سلطنت کے حکمراں ہندوستان کے طول و عرض پر حکومت کرتے تھے۔ یہ قلعہ ۱۸۵۷ سے لے کر ملک کو آزادی حاصل ہونے تک برطانوی فوج کے قبضے میں رہا جس میں انہوں نے اکثر ہندوستانی قیدیوں کو قید رکھا۔ لیکن کیا آپ اس شخص کو جانتے ہیں جس نے ملک کو آزادی ملتے ہی اس لال قلعہ سے انگریزوں کا جھنڈا 'یونین جیک' اتار کر ہندوستان کا قومی پرچم 'ترنگا' لہرایا تھا؟ جی ہاں! اس شخص کا نام تھا میجر جنرل شاہنواز خان۔

جنرل شاہنواز خان کا لال قلعہ سے رشتہ کافی پرانا ہے۔ جب وہ آزاد ہند فوج میں نیتا جی سبھاش چندر بوس کے کندھے سے کندھا ملا کر لڑ رہے تھے۔ اسی درمیان برطانوی فوج نے انہیں پکڑ کر اسی لال قلعہ میں قید کر دیا اور یہیں ان کا مشہور کورٹ مارشل اور آئی این اے ٹرائل ہوا، تب جواہر لال نہرو نے ان کے لئے وکالت کی تھی۔

سال ۲۰۱۸ جون تک لال قلعہ میں ہر روز شام چھ بجے لائٹ اینڈ ساؤنڈ کا جو

پروگرام ہوتا تھا، اس میں نیتا جی کے ساتھ جنرل شاہنواز کی بھی آواز شامل تھی۔ واضح رہے کہ سال ۱۹۶۸ سے یہ شو 'انڈیا ٹورزم اینڈ ڈیولپمنٹ کارپوریشن' کے ذریعے چلایا جارہا تھا، لیکن جب اس تاریخی عمارت کو ڈالمیا گروپ نے ۵ سالہ کنٹریکٹ پر حاصل کیا، اس شو کو اپگریڈیشن کے نام پر معطل کر دیا گیا، جبکہ یہ ایشیا کے کسی بھی تاریخی مقام پر قدیم ترین میوزیکل پریزنٹیشن تھا۔ ایک خبر کے مطابق ایک نیا میوزیکل شو پھر سے تیار کیا گیا تھا اور سال ۲۰۲۰ میں مارچ مہینے سے اسے دوبارہ شروع کیا جانے والا تھا لیکن لاک ڈاؤن کی وجہ سے لال قلعہ کو عوام کے لئے بند کر دیا گیا۔ لیکن جولائی میں اس کے کھلنے کے باوجود وہ شو ابھی شروع نہیں ہو سکا ہے۔

واضح رہے کہ ملک کو آزاد کرانے والے عظیم رہنماؤں میں جنرل شاہنواز خان کا نام عزت سے لیا جاتا ہے، جو آزاد ہند فوج کے میجر جنرل تھے اور نیتا جی سبھاش چندر بوس کے انتہائی قریبی لوگوں میں شمار ہوتے تھے۔ ۱۹۴۲ سے ۱۹۴۵ تک برطانوی فوج کے خلاف لڑ کر اس آزاد ہند فوج نے قریب ڈیڑھ ہزار میل کا علاقہ آزاد کرایا تھا۔ اس کی مرکزی قیادت میں کمانڈر ان چیف میجر جنرل شاہنواز، کرنل پریم کمار سہگل اور کرنل گور بخش سنگھ ڈھلوں شامل تھے۔ ان تینوں پر ۱۹۴۵ کے آخری دنوں میں دہلی کے لال قلعے میں مقدمہ چلایا گیا۔

دلچسپ بات یہ ہے کہ جب ان پر مقدمہ چل رہا تھا، تب جنرل شاہنواز، گاندھی جی کے ساتھ تھے۔ اس کا ثبوت گاندھی جی کے لکھے خطوط اور تقریریں ہیں، جن میں ہر بار وہ جنرل شاہنواز خان کا نام لینا نہیں بھولتے۔ نیتا جی سبھاش چندر بوس کی ۵۰ویں سالگرہ کے موقع پر جنرل شاہنواز خان نے کہا تھا "ہندوستان سے باہر رہتے ہوئے جہاں ہم نے اپنے ملک کی آزادی کے لئے ہتھیاروں سے جنگ کی ہے، وہیں اب ہم عدم تشدد کے

ذریعہ ہندوستان کی خدمت کریں گے "۔ شاہنواز خان کی اس بات کا ذکر ۲۲ جنوری ۱۹۴۶ کو مدراس میں مہاتما گاندھی نے آزاد ہند فوج کے ممبروں سے خطاب کرتے ہوئے بھی کیا اور ۱۸ فروری ۱۹۴۶ کو ممبئی میں اپنی 'پراتھنا سبھا' میں بھی کرتے نظر آئے۔

۱۳ مارچ ۱۹۴۶ کے بامبے کرانیکل میں شائع ہونے والی ایک خبر کے مطابق، ۱۲ مارچ کو میجر شاہنواز دلی کے برلا بھون میں گاندھی جی سے ملے اور کافی طویل گفتگو کی۔ ۲۲ مارچ ۱۹۴۶ کو گاندھی جی مہاراشٹر کے اروولی کنچن میں مقیم ایک فوجی کیمپ میں گئے تھے۔ وہاں بھی وہ فوجیوں سے گفتگو میں شاہنواز خان کا نام لینا نہیں بھولے۔ ملنے جلنے کے ساتھ ساتھ دونوں میں خطوط کے ذریعہ بھی بات ہوتی رہی ہے۔ اس کا اندازہ گاندھی جی کے لکھے کئی خطوط سے ہوتا ہے۔ ۲۰ نومبر ۱۹۴۶ کو گاندھی جی نے شاہنواز خان کو ایک خط لکھا جس میں وہ یہ کہہ رہے ہیں کہ میں نے کل آپ کے خط کے جواب میں ایک ٹیلیگرام بھیجا تھا۔

شاہنواز خان ۱۹۴۶ میں بہار کے نواکھلی فسادات کے متاثرین کی مدد کے لئے بہار میں تھے۔ خان عبد الغفار خان بھی ان کے ساتھ تھے۔ ۲۸ مارچ ۱۹۴۷ کو جب پروفیسر عبد الباری صاحب کو گولی ماری گئی، تب بھی شاہنواز خان بہار میں موجود تھے اور ان کے جنازے میں بھی شامل ہوئے۔ ۱۹۴۷ میں شاہنواز خان بہار میں جو کام کر رہے تھے، اس پر تفصیلی گفتگو گاندھی جی نے کئی بار کی ہے۔ ۲۹ اپریل ۱۹۴۷ کو گاندھی جی ان کے کاموں کی تعریف کرتے ہوئے اپنی 'پراتھنا سبھا' میں ان کے کاموں پر تفصیل سے ذکر بھی کرتے ہیں۔ یکم مئی ۱۹۴۷ کے 'پرارتھنا سبھا' میں بھی گاندھی جی ان کے کاموں کی تعریف کرتے نظر آرہے ہیں۔

اس سے قبل ۱۵ اپریل ۱۹۴۷ کو شاہنواز خان پٹنہ کے گاندھی کیمپ میں گاندھی جی

کے ساتھ تھے۔ یہاں ایک گفتگو میں گاندھی جی شاہنواز خان سے کہتے ہیں،'میں تو آپ سے بڑی امیدیں لگائے بیٹھا ہوں۔ مجھے آپ کو مکمل طور پر عدم تشدد ہتھیار کا سپاہی بنانا ہے۔ آپ نے نیتاجی کے ساتھ کرنل کا عہدہ حاصل کیا اسی طرح مجھے آپ کو عدم تشدد کا کرنل بنانا ہے۔۔۔

حالانکہ گاندھی جی کے دور میں ملک کے آزاد ہونے سے پہلے ہی کانگریس نے ان کے ساتھ امتیازی سلوک کرنا شروع کر دیا تھا۔ انہی دنوں راشٹریہ سیوادل نے الزام لگایا کہ کانگریس کے وزیر شنکر راؤ دیو نے گاندھی جی کی ہمدردی کے باوجود شاہنواز خان کو کانگریس سیوادل کے صدر کے عہدے سے استعفیٰ دینے پر مجبور کیا تھا۔ پریما بہن نے اس سلسلے میں گاندھی جی کو ایک خط لکھ کر ان کے ساتھ ہوئے خط وکتابت کو شائع کرنے کی اجازت چاہی تھی۔ پریما بہن کے اس خط کے جواب میں گاندھی جی نے کہا تھا کہ میں اپنے خط کو شائع کرنے کی اجازت نہیں دوں گا۔ ساتھ ہی انہوں نے یہ بھی لکھا کہ جنرل شاہنواز نے مجھے بتایا کہ جب تک کہ ان کے ہاتھ میں سارے حقوق نہیں ہوں گے، وہ اپنے کام کا پورا انصاف نہیں کر سکتے۔ میں نے کہا کہ اگر ایسا ہو تو انہیں نکل جانا چاہیے۔

ملک کے آزاد ہونے کے بعد بھی شاہنواز خان بہار کے مسوڑھی میں کام کر رہے تھے۔ گاندھی جی نے ۷ اکتوبر ۱۹۴۷ کو انہیں ایک خط لکھ کر کہا،'پیارے جنرل شاہنواز! آپ کا خط موصول ہوا۔ تم وہاں جو کام کر رہے ہو، اگر وہ غیر حاضری میں چوپٹ نہ ہو جائے، تو تم اسے چھوڑ کر پاکستان جا سکتے ہو۔' لیکن شاہنواز خان واپس لوٹ کر اپنے گھر پاکستان نہیں گئے۔ بلکہ پاکستان سے ان کا کنبہ گھر چھوڑ کر ہندوستان آگیا۔

جنرل شاہنواز خان کی پیدائش ۲۴ جنوری ۱۹۱۴ کو گاوں مٹور، ضلع راولپنڈی (اب پاکستان) میں جھنجھوا راجپوت کیپٹن سردار ٹیکا خان کے گھر ہوئی تھی۔ ان کی ابتدائی تعلیم

پاکستان میں ہوئی۔ آگے کی پڑھائی انہوں نے پرنس آف ویلز رائل انڈین ملٹری کالج، دہرادون میں پوری کی اور ۱۹۴۰ میں برٹش انڈین آرمی میں بطور ایک آفیسر جوائن کرلیا۔ اسی دوران دسمبر ۱۹۴۱ میں جاپانی فوج نے سنگاپور پر حملہ کر دیا۔ سنگاپور کو بچانے کے لئے انگریزوں نے ہندوستان سے برٹش آرمی کے ساتھ ۶۰ ہزار ہندوستانی سپاہیوں کو سنگاپور بھیج دیا۔ اس میں بطور کیپٹن شاہنواز خان بھی شامل تھے۔

یہاں برطانوی فوج کی شکست ہوئی اور ہزاروں فوجی جوانوں کے ساتھ جنرل شاہنواز خان بھی یہاں جنگی قیدی بنالئے گئے۔ یہیں سنگاپور کے جیل میں ان کی ملاقات انقلابی فوجیوں سے ہوئی، جو نیتاجی کے دوستوں میں سے تھے۔ اس طرح وہ جلد ہی سبھاش چندر بوس کے ساتھ آزاد ہند فوج میں جڑ گئے۔ ان کی قائدانہ صلاحیت کی وجہ سے عارضی حکومت ہند کی کابینہ میں انہیں شامل کیا گیا۔ دسمبر ۱۹۴۴ میں مانڈلے میں تعینات آزاد ہند فوج کی ٹکڑی کے کمانڈر مقرر ہوئے۔ جب نیتاجی نے ستمبر ۱۹۴۵ میں آزاد ہند فوج کے کچھ چنندہ فوجیوں پر مشتمل اپنی سبھاش بریگیڈ بنائی تو اس کا کمانڈر جنرل شاہنواز خان کو ہی بنایا گیا۔ برٹش فوج سے لڑائی کے دوران ۱۹۴۵ میں برما میں جنرل شاہنواز اور ان کے ساتھیوں کو گرفتار کرلیا گیا۔ ۱۹۴۶ میں ان پر بغاوت کا مقدمہ چلا۔ اس مقدمہ کے خلاف پورے ملک میں احتجاج ہوا اور ہندوستانی عوام کے شدید دباؤ کی وجہ سے برطانوی فوج کو انہیں رہا کرنے پر مجبور ہونا پڑا۔

۱۹۴۶ میں آزاد ہند فوج کے خاتمے کے بعد جنرل شاہنواز خان انڈین نیشنل کانگریس میں شامل ہو گئے۔ ملک کی آزادی کے بعد ۱۹۵۲ میں پہلے لوک سبھا انتخاب میں کانگریس کے ٹکٹ پر ہی میرٹھ سے الیکشن جیتا۔ اس کے بعد ۱۹۵۷، ۱۹۶۲ اور ۱۹۷۱ میں میرٹھ سے لگاتار جیت حاصل کی۔ وہ ۲۳ سال تک مرکزی حکومت میں وزیر رہے۔

۱۹۵۲ میں پارلیمانی سکریٹری اور ڈپٹی ریلوے منسٹر بنے۔ ۱۹۵۷ تا ۱۹۶۴ وزیر خوراک و زراعت کے عہدے پر فائز رہے۔ ۱۹۶۵ میں وزیر زراعت اور ۱۹۶۶ میں وزارت محنت، روزگار اور بحالی کی ذمہ داری سنبھالی۔ ۱۹۷۱ سے ۱۹۷۵ تک انہوں نے وزارت پٹرولیم اور کیمیکلز اور زراعت و آبپاشی کی باگ ڈور سنبھالی۔ سن ۱۹۷۵ سے ۱۹۷۷ کے عرصہ کے دوران مرکزی وزیر زراعت و آبپاشی کے ساتھ ایف سی آئی کے چیئرمین کی ذمہ داریاں بھی نبھائیں۔ ۱۹۵۶ میں حکومت ہند نے نیتاجی سبھاش چندر بوس کی موت کی وجوہات اور حالات کو ظاہر کرنے کے لئے ایک کمیشن تشکیل دیا تھا، اس کے کمیشن کے صدر بھی جنرل شاہ نواز خان ہی تھے۔ ساتھ ہی انہوں نے آئی این اے اور نیتاجی سبھاش چندر بوس کے ساتھ وابستہ یادوں پر ایک اہم کتاب بھی لکھی ہے، جو نیتاجی اب تک لکھی کتابوں میں ایک بہترین کتاب ہے۔

اس طرح میرٹھ لوک سبھا سیٹ سے نمائندگی کرنے والے جنرل شاہ نواز خان ۲۳ سال تک مرکزی حکومت میں وزیر رہے۔ میرٹھ جیسے حساس شہر میں ان کے زمانے میں کوئی ہنگامہ آرائی یا فرقہ وارانہ فساد نہیں ہوا۔ وہ ۱۹۷۷ سے ۱۹۸۳ تک کانگریس سیوادل کے انچارج بھی رہے۔ اس طرح آخری دم تک کانگریس کی خدمت کرتے ہوئے ۹ دسمبر ۱۹۸۳ کو اس دنیا کو ہمیشہ کے لئے الوداع کہہ گئے۔

جنرل شاہنواز خان میموریل فاؤنڈیشن کے بانی اور ان کے پوتے عادل شاہنواز ہفت روزہ دعوت کے ساتھ خاص بات چیت میں کہتے ہیں کہ جنرل شاہنواز خان نہ صرف ایک عظیم جنگ مجاہد تھے، بلکہ وہ ایک بے لوث محب وطن بھی تھے۔ انہوں نے اپنی پوری زندگی ملک کی خدمت کے لئے وقف کر دی تھی۔ لیکن ملک کی کسی بھی حکومت نے انہیں وہ اعزاز نہیں دیا جس کے وہ حق دار تھے۔ اس سے قبل ریٹائرڈ جج مارکنڈے کاٹجو

نے حکومت سے مطالبہ کیا تھا کہ وہ ملک سے جنرل خان کی وفاداری اور ملک کی تعمیر میں سر کردہ کردار کو دیکھتے ہوئے انہیں بھارت رتن ایوارڈ سے نوازے، لیکن یہ اعزاز سے نوازے جانے کی بات تو دور، حکومت کے جانب سے بلکہ خود کانگریسی انہیں اُن کے یوم پیدائش یا یوم وفات کے موقع پر یاد تک نہیں کرتے۔

آپ کو یہ جان کر بے حد حیرانی ہو گی کہ مشہور بالی ووڈ اداکار شاہ رخ خان کے والد جنرل شاہنواز خان کے ساتھ ہی پاکستان سے ہندوستان آئے تھے۔ شاہ رخ خان کی والدہ ممتاز خان کو جنرل شاہنواز خان نے ہی گود لے کر ان کی شادی کروائی تھی۔ جنرل شاہنواز خان، نیتا جی سبھاش چندر بوس اور آزاد ہند فوج کے نہ جانے کتنے نمائندوں نے اپنی زندگی کو داؤ پر لگا کر ہندوستان کو آزادی دلوائی، لیکن آج ان کے ناموں سے ملک کے عوام واقف ہی نہیں ہیں۔ وقت کی ضرورت یہ ہے کہ ہم شاہنواز خان جیسی شخصتیوں کے بارے میں جانیں اور ان کی میراث کو سنبھالیں۔ یہ کام اس وقت اس لئے بھی اہم ہو جاتا ہے کیونکہ اس سال حکومت ہند، مغربی بنگال انتخابات کے پیش نظر نیتا جی سبھاش چندر بوس کی ۱۲۵ویں یوم پیدائش کو پورے سال دھوم دھام سے منانے جارہی ہے۔ اس کام کے لئے ایک اعلیٰ سطحی کمیٹی بھی تشکیل دی گئی ہے۔ یہ کمیٹی ۲۳ جنوری ۲۰۲۱ سے شروع ہونے والی ایک سال کی یادگاری سرگرمیوں کے بارے میں فیصلہ کرے گی۔ مرکزی وزیر داخلہ امت شاہ اس کمیٹی کی سربراہی کر رہے ہیں۔

***

آئینِ جواں مرداں، حق گوئی و بے باکی:
مولانا سید محمد ولی رحمانیؒ

ڈاکٹر فاروق اعظم قاسمی

مولانا سید محمد ولی رحمانی علیہ الرحمہ سے نہ میرا خاندانی تعلق تھا، نہ میں ان کا رسمی شاگرد تھا، نہ ہی ان کی جامعہ کا طالب علم رہا اور نہ ہی ان کا مرید؛ مگر ان کا سایہ عاطفت میرے لیے باپ کے سائے سے کم نہ تھا، ان کی جامعہ سے ربط تھا اور ہے، اور ان سے بہت کچھ سیکھنے کو ملا اور بہت سی مرتبہ بھیگے پروں کو ہمتِ پرواز بھی ملی۔

انسان غلطیوں کا پتلا ہوتا ہے اور حضرت بھی ایک انسان تھے۔ ان کی بہت سی چیزوں اور پیش رفت سے دوسرے حضرات کو اختلاف ہو سکتا ہے مگر ان کے خلوصِ نیت اور جذبہ خالص پر شک کی گنجائش نہیں۔ کئی معاملات میں بظاہر وہ بڑے ضدی معلوم ہوتے تھے لیکن کچھ دنوں بعد ان کے نتائج خود یہ ثابت کر دیتے تھے کہ وہ ضد نہیں ؛رائے کی صلابت اور اعتماد کی مضبوطی کی بات تھی۔

وہ جامعہ رحمانی کے سرپرست، خانقاہِ رحمانی کے سجادہ نشیں، مسلم پرسنل لاء بورڈ کے جنرل سکریٹری اور امارت کے امیر شریعت ہونے کے ساتھ ساتھ مولانا محمد علی مونگیریؒ کے پوتے اور مولانا منت اللہ رحمانیؒ کے صاحبزادے بھی تھے اور انھیں ان

نسبتوں پر ناز بھی تھا؛ تاہم 'پدرم سلطان بود' پر وہ یقین نہیں رکھتے تھے، وہ اپنی راہ آپ بنانے کے قائل تھے اور عامل بھی۔ دراصل ان کا کام ہی ان کا تعارف ہے۔

مولانا محمد ولی رحمانی مرحوم انتہائی حساس دل کے مالک تھے، اللہ نے انھیں بڑی فراست عطا کی تھی۔ دوررسی اور نگہہ کی بلندی کے ساتھ جاں کی پرسوزی اور سخن کی دلنوازی بھی انھیں ودیعت کی گئی تھی۔ حق گوئی وبے باکی تو انھیں وراثت میں ملی تھی، وہ اللہ کے ایسے شیر تھے جہاں روباہی گناہ اور جرم تھی۔ وہ کہتے تھے وہی جو سمجھتے تھے حق۔

آئینِ جواں مرداں، حق گوئی وبے باکی
اللہ کے شیروں کو آتی نہیں روباہی

ان کی علمی، دینی، سماجی اور سیاسی قد آوری کے سامنے علم ودین اور سماج وسیاست کے بڑے بڑے جغادری بونے نظر آتے تھے۔ ان کی لغت میں خوف اور بزدلی جیسے الفاظ ناپید تھے۔ وہ سستی شہرت، جھوٹی عظمت اور اہل اقتدار کی خوشامد اور چاپلوسی سے کوسوں دور تھے بلکہ ان کی کتابِ زندگی میں اس طرح کے چیپٹر کی کوئی گنجائش ہی نہیں تھی۔ انھیں اپنے خالق ومالک کی ذات پر کامل یقین اور اپنے اوپر مکمل اعتماد تھا۔ وہ بنا سوچے سمجھے کوئی بھی قدم اٹھانے کے قطعاً روادار نہ تھے۔ کوئی بھی کام بہت سوچ سمجھ کر اور طویل غور فکر کے بعد ہی انجام دیتے، کبھی کبھی انھیں بہت سے فیصلے بڑی جلد بازی میں بھی لینے ہوتے تھے؛ تاہم اپنی فراست اور متعلقہ شعبہ جات کے ماہرین سے رائے مشورہ کرنے کے بعد ہی پیش رفت کرتے۔ انھوں نے اپنے گرد وپیش ہر میدان کے ماہرین کا ایک ہالا بنا رکھا تھا، جب بھی کوئی مسئلہ درپیش ہوتا فوراً ماہرین کی ٹیم کو بلاتے، ان سے مذاکرہ کرتے پھر کوئی قدم اٹھاتے اور مضبوط قدم اٹھاتے جس کا خاطر خواہ نتیجہ برآمد ہوتا۔ انھیں اپنے چھوٹوں بلکہ ہم جیسے بے علموں سے مشورہ کرنے میں بھی کوئی عار

نہیں تھا۔

وہ اوپر سے جتنے صاحبِ جلال معلوم ہوتے تھے اتنا ہی ان کا اندرون پُر کمال تھا۔ وہ قائد تھے؛ ٹُٹ پونجیے نیتا نہیں، وہ عالم تھے؛ بُھس بُھسے علم والے نہیں، وہ پیر بھی تھے مگر روایتی، بے عملے اور ٹھگ پیر نہیں، وہ گفتار کے نہیں؛ کردار کے غازی تھے۔

حضرت رحمانی نے بہت سے مشکل دن بھی دیکھے، ان پر گمبھیر الزام بھی لگے، دھمکیاں بھی ملیں یہاں تک کہ ان پر جان لیوہ حملے بھی ہوئے مگر سب کو ایک مردِ دلیر کی طرح جھیلتے ہوئے آگے بڑھتے گئے، بنا رکے بنا تھکے چلتے رہے، راستے ملتے گئے اور منزلیں قدم چومتی رہیں۔ جب تک جیے شان سے جیے، نہ کسی سے ڈرے اور نہ کسی کے سامنے جھکے۔ ان کا خیال تھا کہ میں حالات کے اتنے سرد و گرم تھپیڑے کھا چکا ہوں کہ اگر میں پٹنہ سے مونگیر تک پاپیادہ چلوں اور میری دونوں جانب میرے مخالف کھڑے ہو کر گالیاں دیتے رہیں تب بھی مجھے کوئی فرق پڑنے والا نہیں۔ یہی وجہ ہے کہ شاید ہی کبھی کسی نے انھیں فریسٹیڈ یا شکستہ خاطر دیکھا ہو۔ ہمیشہ وہ حوصلہ مند اور حوصلہ بخش رہتے۔

ہم نے طے کیں اس طرح یہ منزلیں
گر پڑے، گر کر اٹھے، اٹھ کر چلے

علم کی پختگی کا یہ حال تھا کہ بعض دفعہ اپنے والد کے بالمقابل ہو جاتے، تحقیق کا یہ عالم تھا کہ مشقت بھرا سفر بھی ان کے لیے آسان تھا، تربیت کا یہ طریقہ تھا کہ بھری محفل میں ٹوک دیتے اور بذریعہ فون بھی اپنے شاگردوں اور عزیزوں کی اصلاح فرماتے لیکن انداز ایسا ہمدردانہ اور دلیل ایسی مضبوط ہوتی کہ مخاطب کو مانے بغیر کوئی چارہ نہیں ہوتا۔ کردار ایسا شفاف کہ جو دل میں ہوتا وہی زبان پر۔ قلم ایسا کہ اپنا گرویدہ کر لے اور

زبان ایسی کہ سحر زدہ کر دے۔ ان کی تقریر میں نہ وعظ کا ٹھنڈا پن ہوتا اور نہ مقررِ شعلہ بیاں کی سی شعلہ زنی، بالکل سمندر کی سی چال کہ اوپر سے شانت اور اندر سے طوفان۔ ان کی گفتگو اس قدر نپی تلی اور باوقار ہوتی کہ اچھے خاصے زبان دان کی زبان بھی لڑکھڑا جاتی۔ وہ انتہائی واضح بات کرنے کے قائل و عادی تھے اس لیے گول مول باتیں کرنے والا ان کے سامنے ٹھہر نہیں سکتا تھا۔

مسلمانوں کی آن بان اور غیرت کی بات ہوتی تو وہ جلالِ عمری کا نمونہ بن جاتے اور امت کے مسائل کے حل کرنے کا مرحلہ ہوتا تو خلیفہ اول کا روپ دھار لیتے۔ ایک طرف مدرسہ شمس الہدیٰ کی صد سالہ تقریب کے موقع پر بہار کے وزیر اعلیٰ کی متعصبانہ پالیسیوں پر انھوں نے بھرے مجمعے میں جم کر تنقید کی تو دوسری طرف بابری مسجد کے حل کے لیے دھرم گروؤں کے پاؤں تک پکڑے ہیں۔

میرا آبائی وطن بھی شہر مونگیر کا ایک محلہ صندل پور ہے۔ بیسویں صدی کے چوتھے دہے میں میرے والد مرحوم چھ سات سال کی عمر میں اپنی بڑی بہن کے ہمراہ مشکی پور (کھگڑیا) آ گئے تھے اور پھر یہیں کے ہو رہے۔ حضرت کا مولد و مسکن بھی شہر مونگیر ہی تھا۔ وہ بھی دیوبند کے ایک لائق فائق فاضل تھے اور یہ ناچیز بھی اسی شجرِ طوبیٰ دیوبند کا ایک ادنیٰ سا خوشہ چیں۔ اسی طرح وہ علامہ سید مناظر احسن گیلانیؒ کے عزیز (رشتے دار) تھے اور راقم بھی گیلانی کے علم و قلم کا اسیر۔ ممکن ہے ہم دونوں کے رشتوں کے درمیان یہی مناسبات رہی ہوں۔

مولانا رحمانی سے پہلی بار باضابطہ ملاقات دار العلوم دیوبند کے مہمان خانے میں ہوئی اور واسطہ میری مرتبہ کتاب "مناظرِ گیلانی" (علامہ سید مناظر احسن گیلانی: احوال و اشعار) بنی۔ پھر یہی ملاقات ان سے رشتے کی بنیاد کا سنگِ میل ثابت ہوئی اور تادمِ حیات

ان کی محبت و شفقت اس فقیر کو حاصل رہی۔ حضرت نے اپنا خاص رابطہ نمبر بھی عطا کیا اور تاکید کی کہ کسی سے اس کا اشتراک نہ کرنا اور میں نے بھی وسعت بھر اسے نبھانے کی کوشش کی۔ اُس وقت میں تازہ تازہ دورہ حدیث شریف سے فارغ ہوا تھا اور تخصصات کے شعبہ انگریزی میں زیرِ تعلیم تھا۔ حضرت نے میری اس حقیر سی کاوش سے دلچسپی کا اظہار کیا اور مسرور بھی ہوئے اور ایسا محسوس ہوا کہ برسوں سے انھیں میری تلاش تھی۔ معلوم کرنے لگے۔ کتاب کی کتابت کس نے کی؟ ڈیزائن کس کا ہے؟ کہاں سے شائع ہوئی؟؟ وغیرہ وغیرہ۔

جواب دیا گیا کہ لکھمنیاں بیگو سرائے کے میرے ایک دوست سید طٰہٰ ازہر ہیں جو دارالعلوم وقف کے فاضل اور کمپیوٹر کا اچھا نالج رکھتے ہیں۔ حضرت نے ان سے ملنے کی خواہش ظاہر کی، میں بھائی طٰہٰ کو ان کے پاس لے گیا اور حضرت سے ان کا تعارف کرایا۔ معلوم ہوا کہ بھائی طٰہٰ کے نانا معروف مجاہدِ آزادی مولانا سید عبد الرب نشترؒ سے وہ پہلے ہی سے اچھی طرح واقف ہیں۔

خیر! حضرت کا خواب تھا کہ علامہ گیلانی کی تمام تحریروں کو یکجا کر کے "موسوعہ گیلانی" کے نام سے شائع کیا جائے، کام مولانا طٰہٰ قاسمی کے سپرد کیا گیا، اولاً جملہ تصانیفِ گیلانی کی از سرِ نو کتابت کا کام تھا، ابتداءً بڑے جوش و خروش سے کام شروع ہوا مگر کچھ دنوں بعد کام سست رفتاری کا شکار ہونے لگا۔ حضرت کچھ کچھ وقفے سے کام سے متعلق رپورٹ لیتے رہتے تھے اور غالباً لین دین کا معاملہ مولانا مقیم الدین قاسمی بھاگلپوری (سابق انچارج مہمان خانہ، دار العلوم دیوبند) کے سپرد کیا گیا تھا۔ ایک بار جب حضرت دیوبند تشریف لائے تو ہم سب کو طلب کیا، ہم حاضر ہوئے، حضرت نے قدرے سخت لہجے میں استفسار کیا کہ کام آخر اس قدر سست رفتار کیوں ہو رہا ہے؟ مولانا طٰہٰ نے یہ

وضاحت دی کہ بجلی کا مسئلہ ہے۔ اس کا حل کیا ہے؟ انورٹر چاہیے۔ اسی وقت حضرت نے مولانا مقیم صاحب کو یہ کام سپرد کیا، انورٹر آیا، کام نے رفتار پکڑا؛ تاہم مطلوبہ مقدار میں کام نہیں ہو پا رہا تھا اس لیے حضرت نے سارا سسٹم سمیت مولانا طٰہٰ قاسمی کو مونگیر بلا لیا اور وہ پورے انہماک کے ساتھ اس کام میں لگ گئے اور تقریباً چالیس سے پچاس فیصد کتابت کا کام ہو بھی گیا تھا لیکن آہستہ آہستہ مولانا طٰہٰ کے کاندھوں پر دوسری ذمہ داریاں عائد ہوتی گئیں اور یہ کام پیچھے ہوتا ہو گیا، اب مولانا طٰہٰ قاسمی بھی برسوں پہلے مونگیر چھوڑ چکے ہیں، ان کے بعد "موسوعہ گیلانی" کا کیا بنا معلوم نہیں۔

باضابطہ حضرت کی نگرانی میں رہ کر کوئی کام کرنے کا موقع تو نہیں ملا مگر ان کی نصیحت کے مطابق ان سے برابر رابطے میں رہتا اور ہمیشہ ان کی محبت و شفقت اور اپنائیت ہمیں حاصل رہی۔ بہت سے اہم معاملات میں ان سے میرا تبادلہ خیال ہوتا، رہنمائی ملتی، اسی کے مطابق کام انجام دیتا۔ کئی مواقع پر وہ کچھ کام سپرد کرتے اور راقم الحروف وسعت بھر ان کے اعتماد کو بحال رکھنے کی کوشش کرتا۔ اخیر عمر میں تو ایسا محسوس ہوتا تھا کہ حضرت امت کے باصلاحیت منتخب نوجوانوں کو یکجا کر کے اس کا ایک گولہ بنانا چاہتے ہیں اور اسے سماج میں لے جا کر چھوڑ دینا چاہتے ہیں۔ یعنی ہر شعبے میں انقلاب برپا کرنا چاہتے ہیں۔

حضرت فرماتے تھے کہ میں تین لوگوں کے موسوعات تیار کرنا چاہتا ہوں۔ علامہ سید مناظر احسن گیلانی، پروفیسر رشید احمد صدیقی اور انجم مانپوری۔

مولانا محمد ولی رحمانیؒ نے اپنے اوپر درجنوں ذمہ داریاں اوڑھ رکھی تھیں۔ مطالعہ ان کا انتہائی وسیع اور ہمہ جہت تھا اور لکھنے کا بھی اعلیٰ ذوق رکھتے تھے۔ اللہ رب العزت نے انھیں تصنیف و تالیف کا بھی عمدہ سلیقہ عطا کیا تھا مگر سیاسی، سماجی اور ملی مصروفیات

حاوی رہیں اور تحریر و تصنیف کا سلسلہ پیچھے رہ گیا۔ میں نے ان کی ادبی تحریروں کا مطالعہ کیا ہے، ایسا محسوس ہوتا ہے کہ اگر وہ اسی راہ پر چلتے تو اردو زبان کے مایہ ناز نقاد اور لسانیات کے ماہرین میں ان کا شمار ہوتا۔ کبھی کبھی وہ مجھ جیسے طالب علموں کی اصلاح فرماتے رہتے اور کبھی کبھی تو بڑے بڑے ادباء و شعراء اور پروفیسروں کی غلطیوں پر گرفت کرنے میں بھی نہ جھجھکتے۔ ملک کے طول و عرض میں منعقد ہونے والی مختلف کانفرنسوں اور سیمیناروں میں بھی حسبِ موقع شریک ہوتے۔ ایک دفعہ کا واقعہ ہے، حضرت جواہر لال نہرو یونیورسٹی نئی دہلی کی ایک کانفرنس میں شریک تھے، شعبہ عربی کے ایک پروفیسر صاحب نے اپنی گفتگو میں لفظِ "سراہنا" استعمال کر لیا، پھر کیا تھا جب حضرت کا نمبر آیا تو انھوں نے اس لفظ پر اچھی تنقید کر ڈالی۔

وقتاً فوقتاً حضرت کی آمد اپنے مادرِ علمی دارالعلوم دیوبند میں ہوتی رہتی تھی، وہ جب بھی آتے تو خدمت میں حاضری ہوتی اور ان سے ملاقات کا شرف حاصل ہوتا، بہت سی کارآمد باتیں ہوتیں، اپنے تجربات کا اشتراک کرتے اور مجھ جیسوں کو بہت کچھ سیکھنے کا موقع ہاتھ آتا۔ قیامِ دیوبند کے زمانے میں دیوبند رہتے ہوئے بھی بندے کو حضرت کی دہلی کی رہائش گاہ نظام الدین میں کئی بار حاضری کا موقع ملا، جب ان کی رہائش نظام الدین سے ذاکر نگر (اوکھلا) منتقل ہوگئی تب بھی خدمت میں حاضری ہوتی رہی۔ پھر جب میرا قیام دہلی ہوا تو کبھی میں خود اور کبھی حضرت کے حکم سے حاضری ہوتی رہتی۔ بسا اوقات تو ایسا ہوتا کہ اپنے سارے ملنے والوں کو رخصت کر دیتے اور دیر تک مجھ سے باتیں کرتے رہتے حالاں کہ بار بار ان کا خادم آتا، اشارے کرتا؛ مگر اسے ٹھہرنے کو کہتے۔ کبھی علامہ گیلانی سے متعلق، کبھی اردو زبان و ادب سے متعلق، کبھی یونیوسٹیوں میں زیرِ تعلیم مسلم طلبہ کے احوال اور کبھی مدارس کے سے متعلق سوال کرتے وغیرہ وغیرہ۔ ان امور پر

بالتفصیل تبادلہ خیال ہوتا۔ ان کے سامنے بہت سنبھل کے بیٹھنا اور بولنا پڑتا تھا، اپنے عزیزوں کے ہر حرکت وسکون پر ان کی نظر ہوتی اور یہ دھڑکا لگا رہتا کہ اب گوشمالی ہوئی تب گوشمالی ہوئی۔ کبھی کبھی ان کے پُر رعب چہرے پہ نظر پڑتے ہی زبان لڑکھڑا جاتی اور سمجھ میں نہیں آرہا ہوتا کہ زبان سے کیا نکل رہا ہے تو حضرت فرماتے صاف صاف بولیے، مجھے گول مول باتیں کرنا پسند نہیں۔

دار العلوم میں دورہ حدیث کے سال میرا اوسط (٪) اتنا نہیں آیا پایا تھا کہ تخصصات کے کسی اچھے شعبے کا انتخاب کر سکوں مگر دماغ میں عربی ادب پڑھنے کا خواب پال رکھا تھا، اب کیا کیا جائے، کسی دوست نے مشورہ دیا کہ کسی سے سفارش لکھوا لو، غور کیا تو حضرت کا نام ذہن میں آیا، سوچا کہ مہتمم صاحب سے حضرت کے مراسم اچھے ہیں، چلتے ہیں ان ہی کے پاس۔ دہلی حاضر ہوا، صورتِ حال سے آگاہ کیا، کہنے لگے کس کے نام خط لکھوں؟ مولانا مرغوب الرحمن صاحب (مہتمم صاحب) یا مولانا نور عالم خلیل امینی صاحب کے نام ، ذرا توقف کے بعد میں نے جواب دیا کہ مولانا امینی کے نام، اس لیے کہ اُن دنوں شیخ الادب وہی تھے۔ خیر حضرت نے سفارش لکھ دی، جہاں اسے پہنچانا تھا پہنچا دیا گیا، داخلہ مقدر میں نہیں تھا، نہ ہوا۔ یہ ۲۰۰۷-۲۰۰۸ کی بات ہے، بات آئی گئی ہو گئی۔ جب مارچ ۲۰۲۲ میں حضرت کی تعلیمی خدمات پر سپول میں ایک سیمینار منعقد ہونا تھا، میں بھی مدعو تھا، حافظ امتیاز رحمانی بھی اس پروگرام شریک تھے، تو اسی موقعے سے انھوں نے مجھے وہ سفارشی خط دیا جسے دیکھ کر میری آنکھیں اشکبار ہو گئیں۔ حضرت نے تحریر فرمایا تھا:

'عزیزی مولوی فاروق اعظم سلمہ (مؤلف مناظرِ گیلانی) آپ کے زیرِ سایہ ادیب بننا چاہتے ہیں، اور چاہتے ہیں کہ ایک بے ادب سفارش کرے۔

اس آرزو کو دیکھیے اور مجھ کو دیکھیے

سونچتا ہوں کیا لکھوں۔ یہ عزیز سرمایہ درویش ہیں، انھیں مایہ خویش سمجھیے اور اپنے سایہ عاطفت میں جگہ دیجیے۔ اگر یہ "نالائق" ثابت ہوئے تو آپ کا کچھ بگڑے گا نہیں، اور "لائق فرزند" بنے تو مجھے ثواب ضرور ملے گا اور دل یہ کہتا ہے کہ آپ مجھے ثواب سے محروم نہ ہونے دیں گے"۔ (خط بنام مولانا نور عالم خلیل امینی، ۵ شوال ۱۴۲۸ھ)

حضرت نے کئی بار ناچیز کو مونگیر طلب کیا، حاضر ہوا اور گھنٹوں باتیں ہوئیں۔ تقریباً دس بارہ سال قبل کا قصہ ہے، میں مونگیر حاضر ہوا، مجلس میں کئی اور حضراتِ علمائے کرام تشریف فرما تھے لیکن زیادہ تر روئے سخن میری ہی طرف رہا اور بڑی فکر مندی کے ساتھ بار بار وہ اس بات پر زور دیتے رہے بلکہ اس حقیر سے رائے بھی طلب کرتے رہے کہ جامعہ میں مطالعے کا ماحول کیسے پیدا کیا جائے؟

ایک دفعہ فرمایا بلکہ حکم دیا کہ مجھے عربی زبان پڑھانے کے لیے چند باصلاحیت اور ماہر نوجوان اساتذہ چاہیے۔ مجھے یاد پڑتا ہے کہ میں نے مولانا نوشاد نوری قاسمی (استاذِ دار العلوم وقف، دیوبند) سے اس بات کا ذکر کیا، غالباً انھوں نے کچھ نوجوانوں کو وہاں بھیجا بھی تھا، ان ہی میں کے ایک مولانا جنید احمد قاسمی ہیں جو اس وقت جامعہ رحمانی مونگیر میں مسندِ تدریس پر فائز ہیں۔

ایک مرتبہ فرمایا اردو اور مدارس کے موضوع پر ایک پروگرام کرانا چاہتا ہوں۔ پروگرام کا ایک خاکہ بنا کر مجھے دو، میں نے خاکہ تیار کر کے پیش کر دیا، حضرت نے اطمنان کا اظہار کیا لیکن شاید وہ پروگرام نہ ہو سکا۔

علامہ سید مناظر احسن گیلانی سے مجھے ایک روحانی تعلق ہے۔ ان کی کتابوں سے بھی دلی لگاؤ ہے، میری دیرینہ خواہش تھی کہ علامہ گیلانی پر ایک باوقار سیمینار منعقد ہونا چاہیے۔ چناں چہ ایک بار موقع غنیمت جان کر حضرت سے اپنے دل کی یہ بات کہہ ڈالی۔

اولاً تو حضرت نے سوالیہ انداز میں کہا کہ ان پر اب کون لکھے گا؟ سارے پرانے لوگ تو اب رخصت ہو چکے ہیں۔ حالاں کہ میں نے مقالہ نگاری کی ترتیب و تفصیل اور تقریباً درجن بھر مقالہ نگاروں کی ایک فہرست بھی پیش کی۔ اس وقت تو کوئی واضح جواب مجھے نہیں ملا، لیکن ان کے دماغ میں یہ بات بیٹھ گئی تھی اور اندرونِ خانہ یہ موضوع پکتا رہا، اس کا علم مجھے بہت بعد میں اس وقت ہوا جب انسٹی ٹیوٹ آف آبجیکٹو اسٹڈیز (IOS) نئی دہلی نے علامہ گیلانی کی حیات و خدمات پر ایک دو روزہ قومی کانفرنس کے انعقاد کا اعلان کیا اور بطورِ خاص راقم کو بھی مدعو کیا؛ بلکہ کئی معاملوں میں مجھ سے رابطہ بھی کیا گیا اور دسعت بھر میں نے تعمیلِ حکم کی کوشش بھی کی۔ دسمبر ۲۰۱۸ میں شہر پٹنہ (بہار) میں یہ عظیم الشان کانفرنس منعقد ہوئی اور بے حد کامیاب رہی لیکن قلق اس بات کا رہ گیا کہ اس پروگرام کا اصل محرک ہی شریک نہ ہو سکا، مولانا رحمانیؒ کو عین وقت پہ مسلم پرسنل لاء بورڈ کی ایک ہنگامی میٹنگ میں دہلی جانا پڑا۔

۲۰۰۸-۲۰۰۹ کی بات ہے، میں نے مبتدی طلبہ میں مضمون نگاری کا جذبہ بیدار کرنے کی غرض سے ایک کتابچہ مرتب کیا، نام "آؤ قلم پکڑنا سیکھیں!" رکھا۔ مسودہ لے کر نظام الدین دہلی ان کی خدمت میں حاضر ہوا۔ مقصد حضرت سے کتاب کی اصلاح اور مقدمہ لکھوانا تھا۔ کتاب میں مضمون نگاری کے موٹے موٹے اصول بیان کیے گئے تھے اور اپنے جونیئر ساتھیوں سے اپنے ناقص تجربوں کا اشتراک کیا گیا تھا۔ حضرت مولانا اشرف علی تھانویؒ کے حوالے سے کتاب میں کہیں یہ جملہ بھی مذکور تھا کہ مطالعہ کرنے والے اپنے سر کو سرکاری مشین سمجھ کر اس میں کبھی کبھی تیل بھی ڈال لیا کریں، اسے پڑھ کر حضرت مسکرا اٹھے۔ انھوں نے یہ بھی فرمایا "سہل نہیں؛ آسان لکھو" پھر اپنے والد صاحب کا قصہ بیان کرتے ہوئے فرمایا کہ انھوں نے بھی مجھے یہی نصیحت کی تھی۔

کچھ دنوں بعد دیوبند فیکس اور ڈاک دونوں ذرائع سے اپنا جامع اور قیمتی مقدمہ لکھ کر عنایت فرمایا جو اس کتاب میں شامل ہے اور میرے لیے سند کی حیثیت رکھتا ہے۔ مقدمے سے چند سطور پیشِ خدمت ہیں:

"دل کی بات کو پیش کرنا مشکل فن ہے، اوراسے بہت آسان زبان میں پیش کرنا بہت مشکل فن ہے، اور یہ "پیشی" اگر "کاغذ" پر ہو تو نزاکت اور بڑھ جاتی ہے! کہنے والا تو کہہ کے گزر جاتا ہے، لیکن لکھنے والا ہر نقطہ کا گواہ چھوڑ جاتا ہے؛ اس لیے لکھنا، دل کی امانت کو کاغذ پر اتارنا اور بہت آسان زبان میں رواں دواں لکھنا بڑا ٹیڑھا فن ہے، اگر لکھنے والا لکھتے رہنے اور آسان تر لکھنے کی مسلسل مشق کرتا ہے، تو وہ اس مشکل فن کو آسان کر کے چھوڑے گا۔ عزیزی مولانا فاروق اعظم سلمہ نے اس سمت میں قلم اٹھایا ہے، "آؤ قلم پکڑنا سیکھیں" کے ذریعہ "خوب نویسی" کی "بسم اللہ" کی جا سکتی ہے۔"

دار العلوم دیوبند کے سابق مہتمم مولانا مرغوب الرحمنؒ مولانا منت اللہ رحمانیؒ کے ہمدرس ورفیق تھے اس لیے حضرت انھیں چچا جان کہا کرتے اور بڑے ادب واحترام سے ان سے پیش آتے اور مہتمم صاحب کے دل میں بھی ان کی بڑی قدر تھی بلکہ کسی بھی اہم معاملے میں وہ ان سے ضرور مشورہ کرتے تھے۔ جب تک مہتمم صاحب بقیدِ حیات رہے حضرت کا دیوبند آنا جانا لگا رہا لیکن ان کے انتقال کے بعد ایسا محسوس ہوتا تھا کہ ان کی دیوبند آمد ورفت میں شاید کمی آگئی تھی۔ یاد پڑتا ہے کہ ایک بار میں بھی حضرت کے ساتھ تھا جب وہ ملاقات کی غرض سے مہتمم صاحب کے کمرے میں تشریف لے گئے تھے، میں نے دیکھا کہ حضرت ان کے سامنے دوزانو ہو کر بیٹھے ہوئے ہیں۔ حضرت یہ بھی کہتے تھے کہ چچا جان کو اس بات کا بہت قلق رہا کہ وہ مجھے دار العلوم دیوبند کا رکنِ شوریٰ نہ بنا سکے۔

حضرت نے ہمیشہ خود کو دار العلوم دیوبند کا خوشہ چیں ظاہر کرتے اور انھیں اس نسبت پر فخر بھی تھا جب کہ دار العلوم ندوۃ العلماء کا ذکر ان کی زبان سے کبھی نہیں سنا حالاں کہ یہاں بھی انھوں نے باضابطہ تعلیم حاصل کی بلکہ اس کے بانیوں میں خود ان کے دادا مولانا محمد علی مونگیریؒ کا نام انتہائی روشن ہے۔ اس کی وجہ کیا تھی؟ اللہ جانے۔

مولانا محمد ولی رحمانیؒ کی موجودگی میں راقم کو دو سے تین سیمیناروں میں مقالات پیش کرنے کا موقع ملا، ایک تو سوبھن، دربھنگہ میں (بعنوانِ 'مولانا منت اللہ رحمانی بحیثیت محقق و مدون) اور دوسرا مونگیر میں (بعنوان 'مولانا محمد علی مونگیری اور مکتوباتی ادب)۔

آخر الذکر میں میں بطورِ خاص حضرت کے حکم سے مجھے مدعو کیا گیا تھا، میں دہلی سے مونگیر آیا، عظیم الشان یک روزہ قومی سیمینار منعقد ہوا، ملک بھر سے مقالہ نگار اتنی تعداد میں پہنچ گئے تھے کہ ایک دن کی کئی نشستیں بھی ناکافی ثابت ہو رہی تھیں۔ پروگرام میں دیکھا کہ حضرت بالکل پچھلی صف میں تشریف فرما ہیں، بڑی خاموشی اور غور سے مقالات سماعت فرما رہے ہیں۔ میرے مقالے پر بھی اپنی پسندیدگی کا اظہار فرمایا۔

سیمینار کے اختتام کے بعد فرمایا، آپ حضرت مونگیری کے جملہ خطوط یکجا کر دیں، میں نے سرِ تسلیم خم کیا اور لب کشا ہوا، حضرت! ان کے بہت سے خطوط کے حوالے تو ملتے ہیں مگر خطوط نہیں۔ سیرتِ مولانا مونگیری میں ان کے کئی مکتوب الیہ کا سراغ ملتا ہے، دار العلوم ندوۃ العلماء کی شبلی لائبریری میں اس کا ذخیرہ ضرور محفوظ ہوگا، کہنے لگے ہاں مجھے معلوم ہے، میں نے کہا، حضرت وہ مہیا ہو جائیں تو زہے نصیب۔ پھر میں نے کہا کہ مکاتبِ محمدیہ کا ایک حصہ تو مجھے مل سکا مگر دوسرا حصے تک میری رسائی نہیں ہو پائی۔ فوراً خادم کو حکم دیا جاؤ، وہ حصہ جامعہ کی لائبریری میں موجود ہے، فوٹو کاپی کرا کے انھیں دو۔ چناں چہ وہ منقولہ کاپی میرے پاس محفوظ ہے۔ اللہ مجھے توفیق دے کہ حضرت کی اس

خواہش کو پورا کرسکوں۔

میں اپنی قلمی سرگرمیوں سے انھیں مطلع کرتا رہتا اور ان سے مفید مشورے حاصل کرتا رہتا تھا۔ میں نے ان کے دادا اور والد پر دو مضامین تحریر کیے تھے، اس سلسلے میں کچھ اور لکھنے کا منصوبہ ذہن میں تھا، عرض کیا کہ حضرت! میں چاہتا ہوں "خانوادہ رحمانی اور اردو زبان" کے عنوان سے ایک کتاب مرتب کروں۔ حضرت خوش ہوئے اور دعائیں دیں۔ میری خواہش یہ بھی تھی کہ اس کتاب پر حضرت کا مقدمہ ہو؛ مگر۔۔۔اے بسا آرزو کہ خاک شدہ۔ جب حضرت ۲۰۱۵ میں امیر شریعت منتخب ہوئے تو میری خواہش ہوئی کہ ان کا ایک انٹرویو کروں، شروع میں تو آمادگی کا اظہار کیا، میں بھی بار بار یاددہانی کراتا رہا مگر انھیں فرصت نہ ملی اور محرومی ہی ہاتھ لگی۔

حضرت کا خیال تھا کہ کوئی کتنا ہی بڑا انسان کیوں نہ ہو اس سے غلطی ضرور سرزد ہوتی ہے۔ ایسا کیسے ہوسکتا ہے کہ ایک شخص اپنی زندگی کا ایک ایک سانس قوم وملت کے لیے وقف کردے، ساری زندگی جدجہد کرتا رہے، جسم کو پگھلاتا اور دماغ کو جلاتا بھی رہے، سینکڑوں کتابیں بھی تصنیف کرے اور اس سے کوئی غلطی اور بھول چوک نہ ہو۔ اب اگر اس طرح کے انسان سے پوری زندگی میں دس بیس غلطیاں سرزد ہوجائیں تو آسمان کو سر پہ اٹھانے کے بجائے انھیں نظر انداز کردینا چاہیے۔

جب کوئی فون آتا یا حضرت خود کسی کو فون کرتے تو بولتے "میں محمد ولی رحمانی" بول رہا ہوں، کوئی صرف ولی رحمانی بولتا یعنی بغیر 'محمد' کے تو برا مانتے، اگر بولنے والا چھوٹا ہوتا تو اس کی گوشمالی بھی کردیتے اور اگر برابر کا یا کوئی اور ہوتا تو اسے زور دے کر فرماتے کہ میرا نام محمد ولی رحمانی ہے۔

ایک دفعہ میرا کوئی مضمون ہفتہ وار "نقیب" پھلواری شریف، پٹنہ میں شائع ہوا،

حضرت کی نظر پڑی، انھوں نے مجھے فون کیا کہ عزیزم تم نے ایک جگہ لفظِ 'خلق' استعمال کیا ہے، یہ درست نہیں ہے، اس کی جگہ لفظِ 'تخلیق' استعمال کیجیے۔ ایسے ہی جب میری پہلی تالیف 'مناظرِ گیلانی' شائع ہوئی تو اس کے سرِ ورق پہ اپنے نام کے نیچے میں نے معناً (BA) لکھ دیا تھا کیوں کہ بہت سی یونیورسٹیوں میں دارالعلوم کی سند بی اے کے مساوی مانی جاتی ہے لیکن صحیح بات یہ ہے کہ وہ میری نادانی تھی۔ خیر حضرت تو عقاب نظر تھے، فرمایا یہ کیا ہے؟ میں صفائی دینے کی ناکام کوشش کر رہی رہا تھا کہ انھوں نے کتاب میں درج علامہ گیلانی کی ایک نظم کی طرف اشارہ کر کے مسکرا اٹھے، نظم کا عنوان تھا: "جرم مولوی"۔

وہ اپنے ہم عصر علماء اور دانشوران سے مختلف سوچ رکھتے تھے۔ وہ فرماتے تھے کہ ایک معاملہ تو ہمارا سیاسی ہے، دوسرا مذہبی۔ اس لیے مذہبی معاملات کو سیاست سے دور رکھنا چاہیے۔ وہ سیاسی افطار پارٹی کے سخت مخالف تھے، وہ کہتے تھے کہ یہ افطار خالص عبادت ہے اور اس کا مذاق اڑانے کی بالکل بھی گنجائش نہیں۔ اسی طرح جو نیتا مسلمانوں کی ٹوپی وغیرہ لگالیا کرتے ہیں، ان سے بھی انھیں سخت اختلاف تھا۔ قبروں پر کتبہ لگانے کے بھی وہ قائل نہیں تھے۔ ایک بار فرمایا کہ میرے والد نے کہا مزاروں پر کتبہ لگانے میں کیا حرج ہے، تو میں نے کہا قرآن و حدیث سے کوئی دلیل مجھے عطا کیجیے اور کتبہ لگوادیجیے۔ آج تک ان کے دادا اور والد کی قبریں کتبے سے خالی ہیں۔

حضرت ایک ممتاز عالم دین اور پیرِ طریقت تھے مگر زاہدِ خشک نہیں تھے۔ ان کا حسِّ مزاح بھی بہت قوی تھا۔ ایک بار فرمایا کہ یہ دانشور کے اخیر میں وہی "ور" ہے جو جانور کے آخر میں ہے۔ اسی طرح وہ وقتاً فوقتاً ہنسی مذاق کی باتیں کرتے رہتے، تاہم ان کے مزاح میں پھکڑپن نہیں ہوتا تھا، میں نے انھیں قہقہہ لگاتے کبھی نہیں دیکھا، بس زیرِ

لب مسکراہٹ اور باوقار مسکراہٹ۔ ایک بار فرمایا کہ جو لوگ سعودی عرب کمانے کے لیے جاتے ہیں ان کی ٹوپی سر سے اتر جاتی ہے کیوں کہ پیسے کی گرمی سر پہ چڑھ جاتی ہے۔

حضرت پرانے کانگریسی تھے اور کانگریس ہی کی طرف سے بائیس برسوں تک بہار قانون ساز کونسل کے ممبر رہے مگر آمنّا صدّقنا والے کانگریسی نہیں تھے بلکہ اپنی پارٹی اور اس کے لیڈروں کی بھی سخت گرفت کرتے اور غلط بات پر انھیں ٹوکنا نہ بھولتے۔ ایک دفعہ جب وہ ڈپٹی چیئرمین کے منصب پر تھے، کسی کانگریسی سے کوئی غلطی ہوئی تھی اور فیصلہ حضرت ہی کو کرنا تھا، کانگریسیوں کا دباؤ بھی حضرت پر بڑھ رہا تھا، جب زیادہ پریشر ڈالا جانے لگا تو حضرت نے کہا تھا "سدن کانگریس کی چوپال نہیں ہے"۔ یوپی اے کے دورِ اقتدار میں بھی وہ مختلف کمیٹیوں کے ممبر رہے۔ ایک بار حضرت نے فرمایا تھا کہ اس وقت کا جو وقف ایکٹ ہے وہ بہت ہی سخت قانون ہے اور اسے قانونی شکل دینے میں ستر فیصد میرا حصہ ہے۔

اپنی رسمی تعلیم سے فراغت کے بعد انھوں نے اپنے والد صاحب کے حکم سے جامعہ رحمانی مونگیر میں کچھ دنوں فتاویٰ نویسی کا فریضہ بھی انجام دیا تھا یہ الگ بات ہے کہ ان کے فتاویٰ پر دستخط اس وقت کے مفتیانِ کرام ہی کے ہوا کرتے تھے۔ ایک بار فرمایا کہ مجھے جب بھی کسی مسئلے پر اطمنان نہیں ہوتا تو سوال لے کر پہلے سیدھے ہم گھاٹ پر پہنچتے، کشتی کے ذریعے کھگڑیا، پھر مانڈر مولانا عبد الصمد رحمانیؒ کی خدمت میں حاضر ہوتے، سوال پیش کیا جاتا، مباحثہ ہوتا۔۔ جب میں مطمئن ہو جاتا تو واپس مونگیر آجاتا۔

دو سال سے زائد عرصے تک دارالعلوم دیوبند کے احاطہ مطبخ کے کمرہ نمبر ۱۱ میں میرا اقیام رہا ہے۔ ایک بار حضرت نے اس احاطے کی اشارہ کرتے ہوئے فرمایا تھا کہ عزیزم زمانہ طالب علمی میں میرا اقیام بھی ادھر ہی کہیں تھا، پڑھنے لکھنے میں یہاں میرے

تین سال ایسے گزرے ہیں کہ چوبیس گھنٹوں میں صرف تین گھنٹے آرام کیا ہے۔

مونگیر میں خانقاہ رحمانی تو ہے مگر یہاں عرس نہیں ہوتا بلکہ کئی لحاظ سے دیگر خانقاہوں سے یہ منفرد ہے۔ ہر سال نومبر کے مہینے میں 'فاتحہ خوانی' کے عنوان سے یہاں درود شریف کی مجلس منعقد ہوتی ہے اور جامعہ رحمانی کے نئے فضلاء کی دستار بندی بھی ہوتی ہے۔ اس موقعے سے ہزاروں مریدین، متعلقین اور طلبہ کے گارجین حاضر ہوتے ہیں اور شہر بھر میں گہما گہمی رہتی ہے۔ ایک دفعہ کسی نئے پولیس افسر نے یہ اعتراض کیا کہ اتنے بڑے مجمعے کے قیام وطعام کا انتظام کیسے ہوتا ہے؟ حضرت نے فرمایا: سنیے! میرے ابا کے (غالباً) چار لاکھ مرید تھے اور میرے بھی ان سے زائد ہی ہوں گے، اگر ہم ان سب سے ایک ایک روپیہ بھی لیں تو بتایئے کتنے پیسے اکٹھا ہوں گے؟ وہ تو ہم سب سے لیتے نہیں ہیں، افسر نے پھر کچھ نہیں پوچھا۔

ہمارے گاؤں مشکی پور (کھگڑیا) میں وقف کے ایک بڑے اراضی پر برسوں سے جھگڑا چلا آرہا ہے۔ اس سلسلے میں میں نے حضرت سے تذکرہ کیا، انھوں نے سنجیدگی سے اس مسئلے کو لیا، میں نے پوری تفصیل بتائی اور اس وقت تک دستاویز کی صورت میں جو بھی کاغذات دستیاب تھے انھیں ارسال کیا، زمینی صورتِ حال کا جائزہ لینے حضرت نے امارت شرعیہ سے باضابطہ ایک صاحب کو مشکی پور بھیجا۔ میں بھی گاہے بگاہے انھیں اپڈیٹ دیتا رہا اور حضرت بھی پوری فکر مندی سے دلچسپی لیتے رہے۔ اس سلسلے میں ان سے تفصیلی گفتگو کے لیے وفد کی شکل میں بھی ہم مونگیر حاضر ہوئے، ہمارے کارواں میں سابق ایم ایل اے جناب نعیم اختر، جناب افتخار مرحوم، جناب وکیل اور جناب ارشد صاحبان شامل تھے۔ ملاقات کے لیے دن کے ساڑھے گیارہ بجے کا وقت ملا تھا، خیر ہم حضرت کی خدمت میں حاضر ہوئے، دوسرے ملاقاتیوں کو فارغ کرکے ہم لوگوں کی

طرف متوجہ ہوئے اور دو تین گھنٹے تک گفتگو جاری رہی۔ افتخار مرحوم نے زمین کی پوری تفصیل سے انھیں آگاہ کیا، نعیم صاحب نے بھی کئی چیزوں سے انھیں باخبر کیا لیکن زیادہ تر روئے سخن میری ہی طرف رہا، وقف اور اس کی پیچیدگیوں کے ساتھ دیگر امور پر بھی گفتگو ہوئی۔

ہم چند نوجوانوں نے اپنے محلے (حافظ محلہ) میں مسجد کے لیے ایک زمین حاصل کرنے کی کوشش کی، میں نے حضرت سے بھی ذکر کیا اور مالی فراہمی کے سلسلے میں ان سے تعاون کی درخواست کی، انھوں نے کہا کہ تین مہینے بعد مجھے یاد دلاؤ۔ تین ماہ بعد یاد دہانی کرائی گئی۔ کہنے لگے لاک ڈاؤن کا زمانہ چل رہا ہے، سوچا تھا کہ کچھ دنوں بعد حالات معمول پر آجائیں گے مگر ایسا ہوا نہیں، دعا کرو، اس سلسلے میں ضرور کوشش کروں گا ان شاء اللہ۔

ایک مرتبہ میں نے عرض کیا، حضرت! بعض حضرات کا کہنا ہے مسجد کی زمین وقف کرا کے رجسٹری کرانے سے خرچ بہت کم آئے گا؛ مگر یہ جھوٹ نہیں ہوگا؟ اس لیے کہ زمین تو اگلے نے فروخت کی ہے۔ حضرت نے مسکراتے ہوئے فرمایا: الٹے سیدھے کاموں کے لیے تو لوگ روز جھوٹ بولتے ہیں، اچھے کام کے لیے اگر ایک جھوٹ بول لیا تو کیا ہو جائے گا۔ پھر سنجیدگی سے سمجھایا کہ مسجد کی زمین کو وقف بورڈ سے ضرور رجسٹرڈ کرا لینا اور مسجد کا ذمہ دار پنج وقتہ نمازی ہونا چاہیے، اور امام جامعہ رحمانی کے افکار کا حامل ہو وغیرہ وغیرہ۔

کورونا کے زمانے میں حضرت نو ماہ کے طویل عرصے تک مسلسل مونگیر میں مقیم رہے مگر جب اس آفت کا زور ذرا کم ہوا اور دنیا معمول پر آنے لگی تو وہ معمول سے زیادہ متحرک نظر آنے لگے اور اسفار وغیرہ شروع ہو گئے اور الگ الگ نوعیت کے کام ایسی

رفتار سے انجام دینے لگے گویا ملک الموت نے کان میں کہہ دیا ہو کہ بس چند دن تمہارے پاس باقی رہ گئے ہیں جو کرنا ہے جلدی سے کرلو۔

حضرت کو اپنی مادری زبان اردو سے بھی عشق کے درجے کا لگاؤ تھا، وہ علمی و نظری اور عملی و تحریکی ہر حوالے سے اردو کے گیسوئے برہم کو سنوارنے میں لگے رہے، اس کے تحفظ و ترقی کے لیے زبانی، قلمی اور قانونی لڑائی بھی لڑتے رہے۔ خود بھی شستہ اردو بولتے اور اپنی جامعہ کے اساتذہ و طلبہ کو بھی اس رنگ میں ڈھالنے کی شاندار کوشش کی بلکہ انھوں نے تحسینِ خط یا حسنِ تحریر کا بھی ایک سلسلہ قائم کیا اور اسے باضابطہ تعلیم کا حصہ قرار دیا۔ جامعہ رحمانی کا ہر طالبِ علم اس کا پابند تھا اور آج بھی ہے یہی وجہ ہے کہ خوب صورت تحریر جامعہ رحمانی کی پہچان بن گئی، شاید ہی یہ امتیاز کسی اور ادارے کو نصیب ہوا ہو۔ حضرت اور اردو زبان ایک مستقل عنوان ہے جسے بعد کے لیے چھوڑا جاتا ہے۔

انتقال سے ڈیڑھ ماہ قبل حضرت نے تعلیمی بیداری اور اردو زبان کی ترقی و ترویج اور تحفظ کے لیے ایک زبردست مہم چھیڑی، پہلے تو انھوں نے پوری ریاستِ بہار کے ایک ایک ضلعے اور ایک ایک گاؤں میں اس کا صور پھونکا، باضابطہ یکم فروری تا سات فروری ۲۰۲۱ "ہفتہ برائے ترغیبِ تعلیم و تحفظِ اردو" کا انعقاد کیا گیا۔ بعد کو یہی سلسلہ ریاستِ جھارکھنڈ میں جاری ہوا۔ اہل اردو کو نیند سے بیدار کرکے ۱۴ فروری کو المعہد العالی، پھلواری شریف پٹنہ میں ایک مشاورتی اجلاس رکھا گیا جس میں بہار کے ہر ضلع کے ذمہ دار حضرات کو مدعو کیا گیا تھا، میں بھی مدعو تھا، حاضر ہوا، بڑے بڑے پروفیسران، دانشوران، علماء اور صحافی وغیرہ بھی تشریف فرما تھے، پروگرام شروع ہوا، مختلف آراء سامنے آئیں، میں بھی کچھ عرض کرنا چاہتا تھا مگر قلتِ وقت کی بنا پر موقع نہیں مل پایا،

حضرت کا نمبر آیا تو انھوں نے بڑی قیمتی باتیں کہیں جن میں سے ایک اہم اقتباس یہ تھا" اردو کو دودھ پینے والے مجنوں سے واسطہ رہا ہے، اب اسے خون دینے والے مجنوں کی بھی ضرورت ہے۔

ہم اردو بولیں گے ، لکھیں گے ، اردو کو پھیلائیں گے تو اردو آگے بڑھے گی، ترقی کرے گی ، آنے والی نسل کو اردو پڑھائیں گے ، انھیں تہذیب سے آراستہ کریں گے تو سماج میں شائستگی اور تمیز آئے گی۔ "(خطبہ صدارت) بامشافہہ یہ میری حضرت سے آخری ملاقات تھی۔

برادر زادہ عزیزم ابو بکر صدیق کا داخلہ جامعہ رحمانی مونگیر میں کرانا تھا اور سوئے اتفاق کہ ضابطے کی کاروائی کا وقت نکل چکا تھا، میں نے ڈرتے ڈرتے حضرت کو فون کیا، اس وقت غالباً وہ سیوان میں تھے، فرمایا ٹھیک ہے، میں مونگیر سے باہر ہوں، تم فلاں تاریخ کو مونگیر جاکر حافظ عبد العظیم صاحب سے ملاقات کرو، میں بھی ان سے کہہ دوں گا، داخلہ ہو جائے گا۔ خیر داخلہ ہو گیا۔ کورونا کی وجہ سے تعلیمی اداروں کا کیا بنا سب جانتے ہیں، بچوں کی تعلیم کا بڑا حرج ہوا۔ ابو بکر بھی کافی روز سے گھر ہی پہ تھا، بھائی جان اس کی پڑھائی کو لے کر بڑے فکر مند تھے، مجھ سے کہا کچھ کرو! میں نے فون کیا اور عرض کیا، حضرت! اس وقت جامعہ تو بند ہے اور بھتیجے کی پڑھائی کا بڑا نقصان ہو رہا ہے، اگر کچھ گنجائش ہو تو یہ جامعہ چلا جائے۔ پہلے تو حضرت نے مجھے ڈانٹ لگائی پھر فرمایا کہ اس طرح کے کئی طلبہ یہاں مقیم ہیں اور تمہاری آنکھ اب کھلی ہے۔ خیر ان کی ڈانٹ میں بھی ہمدردی و محبت پنہاں ہوتی تھی، بچہ گیا اور اپنی پڑھائی میں لگ گیا۔ یہ ۱۸ مارچ کا واقعہ ہے اور حضرت سے میری یہی گفتگو آخری گفتگو ثابت ہوئی۔ ۱۳ اپریل کو میں اپنے پڑوس کی ایک بچی کی شادی کی تقریب میں شریک تھا، تقریب ابھی جاری ہی تھی، خبر ملی کہ

حضرت دنیا سے رخصت ہو گئے، یقین جانیے میرے پاؤں تلے سے زمین کھسک گئی، میں گرتا پڑتا گھر آیا اور بہت دیر تک بچوں کی طرح روتا رہا، ایسا لگا کہ میرا باپ مر گیا ہو، اس وقت کی کیفیت بیان کرنے سے میرا قلم قاصر ہے، میں نے بہت چاہا کہ ان کی یادوں کو یکجا کروں لیکن ذہن و داغ کے ساتھ قلم بھی ماؤف ہو چکا تھا اور یہی نہیں تقریباً چھ ماہ تک میں کچھ بھی لکھنے سے قاصر رہا۔ رہے نام اللہ کا۔

آتی ہی رہے گی ترے انفاس کی خوشبو
گلشن تری یادوں کا مہکتا ہی رہے گا

***

برصغیر کا ایک قدیم اردو اخبار

پندرہ روزہ امارت / ہفت روزہ نقیب

محمد اسعد اللہ قاسمی

پوری دنیا کے اندر مختلف زبانوں میں اخبارات ورسائل شائع ہوتے ہیں، اپنے اپنے حلقہ میں سب مقبول ہیں اور اس زبان کے رشیا اسے پڑھتے بھی ہیں، برصغیر میں ایک کثیر تعداد ان لوگوں کی ہے جو اردو صحافت سے منسلک ہیں اور اس زبان میں ان کی تحریریں حالات حاضرہ، تاریخ، طب وسائنس اور اخبار زمانہ پر مشتمل اردو طبقہ تک پہونچتی ہے، لوگ اس زبان کو بھی پڑھتے ہیں اور اس میں موجود تہذیب اور شائستگی سے ہمکنار بھی ہوتے ہیں، اردو اخبارات کی تاریخ بہت طویل تو نہیں؛ لیکن جب سے اس زبان نے ہوش سنبھالا ہے اس وقت سے اس نے اپنے حلقہ میں اپنی ایک الگ پہچان بنالی ہے، اس زبان میں سب سے پہلے شائع اخبار کی تاریخ اگر تلاش کی جائے تو پتہ یہ چلتا ہے کہ سب سے پہلے کولکاتا سے ۱۸۲۲ء میں "جام جہاں نما" لالہ سدا سکھ کی ادارت میں شائع ہوا، جس کے بانی ہری بردت تھے، اور یہ انگریزی تجارتی کوٹھی کی ملکیت تھی، ہاں! اس کے تمام صفحات اردو میں نہیں تھے بلکہ کچھ اردو اور کچھ فارسی زبان تھی، مکمل اردو زبان و تحریر میں اردو اخبار سب سے پہلے مولوی باقر نے دہلی سے "اخبار دہلی" کے نام سے شائع

کیا، اس اخبار نے ۱۸۵۷ء کی جنگ میں بھی بڑا اہم کردار ادا کیا۔

صوبہ بہار میں اردو اخبار کی تاریخ ۱۸۵۳ء سے شروع ہوتی ہے، سب سے پہلے پٹنہ سے تقریباً ترپن (۵۳) کلو میٹر کے فاصلہ پر واقع شہر "آرا" سے سید خورشید احمد کی ادارت میں جولائی ۱۸۵۳ء میں ایک اردو اخبار "نورالانوار" کے نام سے شائع ہوا جس کے مالک سید محمد ہاشم بلگرامی تھے، اس کے بعد ۱۸۵۵ء میں "پٹنہ ہرکارا" اردو کا اخبار شائع ہوا، جس کے مالک شاہ ابو تراب تھے اور غالباً ایڈیٹر بھی اس اخبار کے شاہ ابو تراب ہی تھے: کیونکہ اخبار میں کہیں ایڈیٹر کا نام الگ سے درج نہیں ہے، اس کے بعد آزادی سے قبل تک اس زبان میں کئی اور اخبار شائع ہوئے، لیکن اب وہ سب نظروں سے غائب ہیں اور لائبریریوں کی زینت ہیں۔

بہار میں جب ۲۶ / جون ۱۹۲۱ء میں مولانا ابوالمحاسن محمد سجاد رحمۃ اللہ علیہ نے امارت شرعیہ کی بنیاد رکھی تو انہوں نے امارت کے مقاصد کو لوگوں تک پہونچانے کے لئے امارت شرعیہ کے قیام کے تین سال کے بعد "جریدہ امارت" کے نام سے ایک اخبار شائع کرنے کا فیصلہ کیا؛ چنانچہ یکم محرم الحرام ۱۳۴۳ھ مطابق ۳ / اگست ۱۹۲۴ء روز یکشنبہ کو اس کا پہلا شمارہ منظر عام پر آیا، اس کے سب سے پہلے مدیر نامور عالم دین اور صاحب قلم سید محمد عثمان غنی صاحب رحمۃ اللہ علیہ تھے، اور پرنٹر پبلشر بھی وہی تھے، اس کی سالانہ قیمت (۔۔۔) اور ششماہی ۱۲ / آنہ طے کی گئی، فی شمارہ قیمت اس پر درج نہیں ہے، اس کے اول صفحہ پر اس اخبار کی اشاعت کا مقصد مدیر نے اس طرح لکھا ہے کہ "اس جریدہ کے اجراء کا مقصد وحید اسلامی خدمت ہے، اور حالات وضروریات وقت کے لحاظ سے جن امور کی اشاعت ضروری ہوگی اور جن تعلیمات اسلامیہ کی تلقین و تعلیم عوام الناس کے لئے لابدی ہوگی وہ سب باتیں اس کے ذریعہ شائع ہوتی رہیں گی؛ مگر

ہمارے سامنے صرف شہری آبادی نہیں ہے؛ بلکہ اسلامی آبادی کا وہ حصہ زیادہ تر ملحوظ ہے جو دیہاتوں میں آباد ہے اور نہایت کسمپرسی کی حالت میں تمام اسلامی تعلیمات سے بے بہرہ ہے۔۔ الخ"۔ ابتداء میں یہ اخبار پندرہ روزہ رہا اور اشاعت کی تاریخ ہر عربی مہینہ کی پہلی اور پندرہویں ہوتی تھی، آٹھ صفحہ پر مشتمل اس اخبار کو سید منظر علی ندوی کے اہتمام کے ساتھ برقی پریس، مرادپور، بانکی پور (پٹنہ) سے چھپوا کر دفتر جریدہ "امارت" پھلواری شریف پٹنہ سے شائع کیا جاتا رہا۔

سید محمد عثمان غنی رحمۃ اللہ علیہ امارت شرعیہ میں بحیثیت مفتی کام کرنے کے ساتھ ساتھ صحافت کی اعلی صلاحیت کی بناء پر جریدہ "امارت" کی ادارت کی بھی مستقل ذمہ داری سنبھالتے تھے، یہ وہ زمانہ تھا جب ہندوستان میں نت نئے انداز سے ہندوستانی انگریزوں سے نبرد آزما تھے، اور ان کے ظلم وستم کے خلاف مسلسل اپنی تحریک چلارہے تھے، جن کو جس زاویہ سے آزادی وطن کے لئے کام کرنے کا موقع ملا اس سے وہ پیچھے نہیں ہٹے، کسی نے ادارہ قائم کرکے نئی نسل تیار کرنے کی فکر کی، کسی نے قلم کو ہتھیار بنایا تو کسی نے انگریزوں کے خلاف میدان میں اتر کر سامنا کیا، کسی نے زبان کا سہارا لیا اور مجاہدین آزادی کے رگوں میں خون گرمانے کے لئے طرح طرح کے نعرے بلند کئے، سید محمد عثمان غنیؒ نے قلم کے ذریعہ انگریزی سازشوں کے خلاف تحریریں لکھیں۔

چنانچہ انہوں نے ۵/ ذیقعدہ ۱۳۴۴ھ مطابق ۱۸/ مئی ۱۹۲۶ء کو جریدہ "امارت" میں ایک اداریہ لکھا، جس کا عنوان "حکومت اور مسلمان، نزلہ بر عضو ضعیف ریزد" تھا، اس تحریر کی بنیاد پر برطانوی حکومت نے مدیر کے خلاف بغاوت کا مقدمہ درج کرلیا، جس میں ایک سال قید محض اور پانچ سو روپئے جرمانہ کی سزا سنائی گئی تھی، اس کے خلاف جب عدالت میں اپیل کی گئی تو جج نے پانچ سو روپئے جرمانہ برقرار رکھتے ہوئے

گیارہویں دن جیل سے آپ کو رہا کر دیا، بعد میں وہ جرمانہ بھی ادا کر دیا گیا؛ لیکن حکومت نے اس شمارے کو ضبط کر لیا۔

دوسری مرتبہ اگست ۱۹۲۷ء کو بتیا، مشرقی چمپارن (بہار) میں جب فساد برپا ہوا تو سید عثمان غنی صاحبؒ نے اس موقع سے ۲۰ / صفر ۱۳۴۶ھ مطابق ۱۹ / اگست ۱۹۲۷ء کو جریدہ "امارت" میں ایک سخت اداریہ لکھا جس کے نتیجہ میں برطانوی حکومت نے مدیر کے خلاف دفعہ ۱۵۳ (الف) کے تحت مقدمہ درج کر لیا جس میں ایک ہزار روپئے جرمانہ اور ایک سال کی سزا تھی، حکومت نے اُس شمارے کو بھی ضبط کر لیا، بعد میں اس کیس کے خلاف اپیل کی گئی تو ایک انگریز ڈسٹرکٹ جج نے اپنے فیصلہ میں مدیر "امارت" کے شائع شدہ مضمون کو قانون کے مطابق اور اُس پر سزا دینے والے مجسٹریٹ کو جاہل اور ناسمجھ قرار دیتے ہوئے انہیں رہا کر دیا۔

تیسری مرتبہ ۳/ جولائی ۱۹۳۳ء مطابق ۹ / ربیع الاول ۱۳۵۲ھ روز سموار کو "دینداری اور بے دینی" کے عنوان سے ایک مقالہ افتتاحیہ لکھا جس کے نتیجہ میں گورنمنٹ بہار اڈیشہ نے پرنٹر پبلشر جریدہ "امارت" سے ایک ہزار کی گرانقدر ضمانت طلب کی جس کی عدم ادائیگی کی صورت میں جریدہ "امارت" بند ہو گیا۔

جریدہ "امارت" چونکہ امارت شرعیہ کا ترجمان اخبار تھا جس کے ذریعہ ادارہ کی کارکردگی، ملک و ملت کی خبریں مسلمانوں تک پہونچتی تھیں، اس کے بند ہونے سے لوگوں میں بے چینی کی کیفیت پیدا ہو گئی؛ چنانچہ اکابر امارت شرعیہ کے مشورہ سے ۵ / ربیع الثانی ۱۳۵۲ھ مطابق ۲۹ / جولائی ۱۹۳۳ء کو دوبارہ اس اخبار کی اشاعت شروع کی گئی؛ لیکن اس کا نام جریدہ "امارت" کے بجائے جریدہ "نقیب" رکھا گیا، اخبار پر مدیر اور پرنٹر پبلشر کی حیثیت سے نام صفیر الحق ناصری کا چھپنے لگا؛ لیکن عملاً مدیر اور پرنٹر پبلشر

اب بھی سید عثمان غنیؒ ہی تھے، اخبار آٹھ صفحات پر مشتمل تھا، اور تاریخ اشاعت ہر عربی ماہ کی پانچ اور بیس تاریخ ہوا کرتی تھی۔

ملک آزاد ہونے اور حالات میں تبدیلی آنے کے بعد جریدہ "نقیب" میں ایڈیٹر کی حیثیت سے محمد عثمانی آپ کا نام دوبارہ لکھا جانے لگا، ۵/ محرم الحرام ۱۳۷۱ھ مطابق ۷/ اکتوبر ۱۹۵۱ء کے شمارہ نمبر ۱، جلد نمبر ۲۰ سے آپ کا نام مدیر مسؤل محمد عثمان غنیؒ، اور ۵/ محرم الحرام ۱۳۷۶ھ مطابق ۱۳/ اگست ۱۹۵۶ء کے شمارہ سے نقیب کے اول صفحہ پر آپ کا نام نگراں کی حیثیت سے درج ہے اور مدیر میں محمد عثمانی کا نام ہے؛ ۵/ ذیقعدہ ۱۳۷۶ھ مطابق ۵/ جون ۱۹۵۷ء شمارہ نمبر ۲۱، جلد نمبر ۵۲ سے نگراں کا نام ہٹا دیا گیا، اور مدیر کی جگہ پر محمد عثمانی کا نام ۲۵/ جمادی الثانی ۱۳۸۲ھ مطابق ۲۴/ نومبر ۱۹۶۲ء تک لکھا جاتا رہا۔

۲۴/ مارچ ۱۹۵۷ء میں جب حضرت مولانا سید شاہ منت اللہ صاحب رحمانی رحمۃ اللہ علیہ امیر شریعت منتخب ہوئے تو امارت شرعیہ کے بہت سارے شعبے اور کام میں توسیع ہوئی اور کام کا پھیلاؤ بھی حضرت رحمۃ اللہ علیہ کے زمانے میں بہت ہوا، اس جریدہ میں بھی کئی طرح کی تبدیلیاں ہوئیں، ۵/ جمادی الاولیٰ ۱۳۸۱ھ مطابق ۱۶/ اکتوبر ۱۹۶۱ء جلد نمبر ۲، شمارہ نمبر ۸ سے پہلی مرتبہ جریدہ "نقیب" پندرہ روزہ کے بجائے ہفت روزہ ہوا، پھر درمیان میں کئی مرتبہ پندرہ روزہ اور ہفت روزہ چلتا رہا؛ لیکن ۱۶/ جمادی الاولیٰ ۱۳۸۳ھ مطابق ۵/ اکتوبر ۱۹۶۳ء سے مستقل جریدہ "نقیب" ہفت روزہ ہو گیا اور وہ سلسلہ اب تک جاری ہے، اسی طرح ۱۷/ رجب المرجب ۱۳۸۲ھ مطابق ۱۵/ دسمبر ۱۹۶۲ء جلد نمبر ۳، شمارہ نمبر ۱۳ سے جریدہ "نقیب" کے ایڈیٹر مولانا اصغر امام فلسفی صاحب مقرر ہوئے، ان کا تعلق ہندوستان کی جدوجہد آزادی اور تحریک علماء صادق پور سے تھا، ان کی فکر و نظر

میں بڑی پختگی تھی، سیاسی وسماجی مسائل پر ان کی گہری نگاہ تھی، ملک کی آزادی میں بھی ان کا بڑا رول تھا اور اس سلسلہ میں انہیں قید و بند کی صعوبتیں بھی جھیلنی پڑیں، ان کی ادارت کا سلسلہ ۲۳/ رجب المرجب ۱۳۸۷ھ مطابق ۲۸/ اکتوبر ۱۹۶۷ء تک رہا، جب اصغر امام فلسفی عظیم آبادی صاحب ہفت روزہ "نقیب" کے مدیر تھے تو اس درمیان موجودہ امیر شریعت مفکر اسلام حضرت مولانا محمد ولی رحمانی صاحب دامت برکاتہم بھی اس جریدے کی ادارت کا کام سنبھالتے رہے، حضرت والا کی حق گوئی اور بے باکی جو ان کو ورثہ میں ملی ہے، اس کا اثر ان کی تحریروں میں صاف جھلکتی رہی اور انگریزی دور میں جس طرح مولانا عثمان غنیؒ نے قید و بند اور انگریزی حکومت کی سزا کی پرواہ کئے بغیر ڈٹ کر ان کی ناانصافیوں کو اجاگر کرنے کے لئے مضبوط طریقہ پر قلم اُٹھایا، اسی طرح ملک آزاد ہونے کے بعد جب برادران وطن نے ہندو احیاء پرستی کے زعم میں مختلف ہتھکنڈے اپنا کر مسلمانوں کا گھیرا تنگ کرنے کی کوشش کی اور جگہ جگہ فسادات کا سلسلہ شروع کیا تو امیر شریعت دامت برکاتہم نے ان کے خلاف سخت تحریریں لکھیں۔

اور وہ اس زمانے میں اپنے ہم عصروں کو بھی ان مظالم کے خلاف لکھنے پر آمادہ کرتے رہے، چنانچہ ۲۲/ اگست ۱۹۶۷ء کو اردو زبان کی مخالفت کرتے ہوئے رانچی اور اس کے گرد و نواح میں فساد کا سلسلہ شروع ہوا اور اس میں کئی قیمتی جانیں گئیں، اس فساد کے بعد مسٹر جے پرکاش نارائن نے کولکاتا میں ایک طویل بیان جاری کرتے ہوئے اس دل دہلانے والے فساد کی شدت کو کم کرنے کے لئے اسے محض لسانی فساد قرار دیا تھا، اس پر لوگوں نے سخت اعتراض جتلایا تھا، حضرت دامت برکاتہم نے دارالعلوم دیوبند کے استاذ حضرت مولانا انظر شاہ کشمیریؒ کو اس کے متعلق ایک مضمون لکھنے کو کہا، انہوں نے سرودیہ لیڈر شری جے پرکاش نارائن کے اس بیان کے خلاف ایک مضمون لکھا جس کا

عنوان تھا "پوچھا جا سکتا ہے شری جے پر کاش نارائن سے" یہ مضمون ۲۱ / اکتوبر ۱۹۶۷ء کے جریدہ "نقیب" میں شائع ہوا، ایڈیٹر اصغر امام فلسفی صاحب کو حضرت والا کی ان تحریروں سے اور نقیب میں اس طرح کے سخت مضامین شائع ہونے سے خوف ہونے لگا؛ کیونکہ بحیثیت ایڈیٹر اخبار پر انہیں کا نام تھا، انہوں نے حضرت امیر شریعت رابعؒ سے اس کا تذکرہ کیا کہ محمد ولی رحمانی صاحب کی ان تحریروں سے مجھے ڈر لگ رہا ہے، میں صاحب اولاد آدمی ہوں اس لئے یا تو انہیں اس سے روکیں یا پھر میں اس کام سے دستبردار ہوتا ہوں، امیر شریعت رابعؒ نے حضرت دامت برکاتہم کو اس کام سے الگ کر کے جامعہ رحمانی مونگیر میں درس وتدریس کے لئے بھیج دیا، ساتھ ہی انہیں ہر ہفتہ نقیب کے لئے تحریریں بھیجنے کا بھی حکم فرمایا۔

حضرت دامت برکاتہم تحریریں تو بھیجتے رہے؛ لیکن حالات کے اعتبار سے ان کا دل اس پر مطمئن نہیں ہوا کہ سنگھیوں کی ان حرکتوں پر خاموشی اور نرم گفتگو سے کام لیا جائے؛ چنانچہ والد صاحب رحمۃ اللہ علیہ سے انہوں نے اس کا تذکرہ کیا تو والد صاحبؒ نے حضرت دامت برکاتہم کو حکم دیا کہ اس کام کے لئے وہ کسی اچھے لکھنے والے کو تلاش کریں، حضرت والا نے والد محترم کے سامنے شاہد رام نگری صاحب کا نام پیش کیا، اور ان کی تحریریں انہیں دکھلائیں تو حضرت امیر شریعت رابعؒ نے انہیں بلانے کا حکم دیا، اور ۳۰/ رجب المرجب ۱۳۸۷ھ مطابق ۴/ نومبر ۱۹۶۷ء سے جناب شاہد رام نگری جریدہ "نقیب" کے ایڈیٹر بنائے گئے، شاہد رام نگری کا اصل نام سراج الدین تھا، رام نگر بنارس کے علمی خانوادہ سے ان کا تعلق تھا، اردو صحافت کے ایک مضبوط ستون تھے، انہوں نے ۱۹۵۲ء میں روزنامہ "ساتھی" کی ادارت سے اپنی صحافت کا آغاز کیا اور آخری دم تک اردو صحافت کی خدمت کرتے رہے، ان کی وفات ۳۰/ اکتوبر ۱۹۹۱ء کو

ہوئی، ان کے انتقال کے بعد نقیب کی ادارت کی ذمہ داری اعزازی طور پر جناب محمود عالم صاحب کو دی گئی اور ان کے معاون خالد حسین صدیقی ہوا کرتے تھے، یہ سلسلہ تقریباً ایک سال تک رہا پھر ۱۲/ دسمبر ۱۹۹۲ء سے جناب سید عبد الرافع صاحب نے باضابطہ طور پر اس کی ادارت کی ذمہ داری سنبھالی، سید عبد الرافع صاحب ریاست بہار کے ممتاز صحافی اور اردو کے منفرد اداریہ نگار تھے، ان کا مطالعہ بڑا وسیع تھا، اردو اور انگریزی کے قدیم وجدید فکری تاریخی اور ادبی کتابوں پر ان کی بڑی گہری نگاہ تھی، انہوں نے اپنی صحافتی زندگی کا آغاز ۱۹۶۱ء میں کولکاتا کے مشہور روز نامہ "آزاد ہند" سے کیا،، ہفت روزہ "نقیب" امارت شرعیہ سے تقریباً ۲۴/ سالوں تک منسلک رہے، اس درمیان وہ دوسرے اخبارات کے لئے بھی لکھتے رہے، ان کا انتقال ۱۲/ دسمبر ۲۰۱۵ء کو کھجور بنا، سلطان گنج پٹنہ میں واقع ان کی رہائش گاہ پر ہوا۔

۳۰/ نومبر ۱۹۹۸ء سے مولانا رضوان احمد ندوی صاحب کو سید عبد الرافع صاحب کے معاون کے طور پر کام کی ذمہ داری سونپی گئی اور ماشاء اللہ وہ اب بھی اس جریدہ کے لئے اپنی خدمات پوری تندہی کے ساتھ انجام دے رہے ہیں، جب ۲۰۱۵ء میں سید عبد الرافع صاحب کا انتقال ہوا تو حضرت امیر شریعت مفکر اسلام حضرت مولانا محمد ولی صاحب رحمانی دامت برکاتہم کے حکم سے نامور صاحب قلم اور کئی کتابوں کے مصنف امارت شرعیہ کے نائب ناظم مفتی محمد ثناء الہدیٰ قاسمی صاحب کو اس کی ادارت کی ذمہ داری سونپی گئی، ۲۸/ دسمبر ۲۰۱۵ء سے تاہنوز اس کام کی ذمہ داری مفتی صاحب بحسن خوبی انجام دے رہے ہیں اور ان کو اس کام میں مولانا رضوان احمد ندوی صاحب کی معاونت حاصل ہے، اس جریدہ میں اب ظاہری وباطنی اعتبار سے بہت ساری تبدیلیاں ہوگئی ہیں، مثلاً اس کا کاغذ دیگر اخبارت کے مقابلہ بہت ہی عمدہ ہوتا ہے، اول وآخری صفحہ چار

(Multi-Color) کلر میں ہوتا ہے، موقع بموقع اس کے صفحات کے ڈیزائن میں تبدیلیاں بھی ہوتی رہتی ہیں، حضرت امیر شریعت دامت برکاتہم کی خصوصی توجہ اس جریدہ پر ہوتی ہے، وہ اس کے نوک وپلک کو درست کرنے، مضامین میں تنوع پیدا کرنے، اس کے معیار کو بلند کرنے اور اس کے ظاہر وباطن کو عمدہ سے عمدہ بنانے کے لئے ہمیشہ کوشاں رہتے ہیں۔

حضرت امیر شریعت رابعؒ کے زمانہ میں دوسرا کام یہ ہوا کہ نقیب کے صفحات میں اضافہ کیا گیا، پہلے ۳/ جمادی الآخری ۱۳۸۷ھ مطابق ۹/ ستمبر ۱۹۶۷ء سے نقیب کے صفحات میں اضافہ کر کے آٹھ کے بجائے ۱۶/ صفحات کر دیئے گئے، اس وقت نقیب کا سالانہ زر تعاون چھ روپئے، اور فی پرچہ ۱۲/ پیسہ تھا، اس وقت اس اضافہ کا اعلان نہیں کیا گیا تھا؛ بلکہ ضرورتاً بڑھایا گیا تھا؛ لیکن بعد میں ان صفحات کا بڑھانا ناگزیر سمجھا گیا اور ۸/ شعبان المعظم ۱۳۸۷ھ مطابق ۱۱/ نومبر ۱۹۶۷ء سے نقیب کے صفحات میں اضافہ کر کے سولہ (۱۶) کر دیا گیا، جس کا اعلان ۲۸/ اکتوبر ۱۹۶۷ء کے شمارہ میں دیا گیا تھا، جب صفحات میں اضافہ کیا گیا تو نقیب کے سالانہ زر تعاون میں بھی چھ روپئے کا اضافہ کر کے بارہ (۱۲) روپئے، اور فی پرچہ بارہ پیسے کے بجائے پچیس (۲۵) پیسے کر دیا گیا، ۱۶/ صفحات کا سلسلہ ۱۱/ جمادی لاولیٰ ۱۳۹۳ھ مطابق ۳/ جون ۱۹۷۴ء تک رہا اس کے بعد نقیب کے صفحات بارہ کر دئے گئے اور بارہ (۱۲) صفحات کا سلسلہ ۲/ رجب المرجب ۱۴۴۲ھ مطابق ۱۵/ فروری ۲۰۱۲ء تک رہا، اور اب حضرت امیر شریعت مفکر اسلام حضرت مولانا محمد ولی رحمانی دامت برکاتہم کے حکم سے دوبارہ نقیب کے صفحات میں اضافہ کر کے سولہ (۱۶) کر دیا گیا ہے جس کا پہلا شمارہ ۹/ رجب المرجب ۱۴۴۲ھ مطابق ۲۲/ فروری ۲۰۱۲ء کو منظر عام پر آیا۔ تیسرا کام حضرت رحمۃ اللہ علیہ کے زمانہ میں یہ ہوا کہ نقیب کو

حکومت ہند سے باضابطہ طور پر رجسٹرڈ کرایا گیا، جس کا نمبر (-BIHURD ۴۱۳۶/ ۶۱) ہے، جو کہ نقیب کے آخری صفحہ پر دفتر کے پتہ کے ساتھ درج ہے، محفوظ شدہ کاغذات کے مطابق "نقیب" کا آر این آئی (RNI) نئی دہلی سے رجسٹریشن ۱۹۶۱ء میں ہوا؛ لیکن یہ نمبر "نقیب" پر نہیں لکھا جاتا تھا، یہ نمبر نقیب پر ۵/ اپریل ۱۹۸۲ء سے لکھا جانے لگا اور وہ سلسلہ آج تک قائم ہے۔

مولانا محمد عثمان غنیؒ کے بعد پرنٹر پبلشر کی حیثیت سے محمد عارف صاحب طویل مدت تک رہے، ان کا نام بحیثیت پرنٹر پبلشر ۲۰/ ذیقعدہ ۱۳۷۶ھ مطابق ۲۰/ جون ۱۹۷۵ء سے ۲۸/ صفر ۱۴۱۷ھ مطابق ۱۵/ جولائی ۱۹۹۶ء تک رہا، اس درمیان وہ اس جریدہ کو مختلف پریسوں سے چھپوا کر دفتر امارت شرعیہ سے شائع کرتے رہے، ۱۰/ ربیع الثانی ۱۴۱۷ھ مطابق ۲۶/ اگست ۱۹۹۶ء تا ۲۵/ جولائی ۲۰۲۳ء مطابق ۶/ محرم ۱۴۴۵ھ اس اہم کام کی ذمہ داری مولانا سہیل احمد ندویؒ کے ذمہ رہی اور اب اس کام کی ذمہ داری مولانا رضوان احمد ندوی معاون ایڈیٹر ہفت روزہ نقیب امارت شرعیہ کے ذمہ ہے، پرنٹر پبلشر کی حیثیت سے وہ بحسن وخوبی اس کام کو انجام دے رہے ہیں۔

مختلف ادوار اور زمانہ کے پیچ وخم کے ساتھ سفر طے کرتا ہوا یہ اخبار آج ہندوستان کے مشہور جریدوں میں شمار ہونے لگا ہے، ملک وبیرون ملک میں اس کے قارئین کی آج ایک بڑی تعداد ہے، جو ہر ہفتہ اسے پابندی سے پڑھتی ہے۔

موجودہ زمانہ میں مختلف سوشل سائٹ پر ہر ہفتہ پابندی سے اسے شئیر بھی کیا جاتا ہے، لوگ اس کے منتظر رہتے ہیں، قارئین نقیب کی دلچسپی اور آسانی کے لئے امارت شرعیہ کی ویب سائٹ

www.imaratshariah.com

پر ہر ہفتہ اسے پابندی سے اپلوڈ بھی کیا جاتا ہے۔

محرم الحرام ۱۴۳۹ھ سے اب تک کے تمام شمارے پی ڈی ایف فائل میں بالترتیب اس سائٹ پر موجود ہیں۔

***

حفیظ نعمانی اور ان کا عہد: اردو صحافیوں کی کہکشاں

معصوم مرادآبادی

'حفیظ نعمانی اور ان کا عہد' حکیم وسیم احمد اعظمی کی تازہ ترین تصنیف ہے۔ جس میں ہمارے عہد کے ۱۰۰ صحافیوں کا تذکرہ ہے۔ حفیظ نعمانی ہمارے عہد کے ایک ایسے البیلے صحافی تھے جنھوں نے پوری ہمت اور حوصلے کے ساتھ قلم و قرطاس سے کوئی نصف صدی کا رشتہ نبھایا۔ انھوں نے اس راہ میں وہ تمام سنتیں پوری کیں جو ہمارے اکابر صحافیوں کا طرہ امتیاز رہی ہیں۔ انھوں نے جرات و بے باکی کے عوض قید و بند کی صعوبتیں برداشت کیں۔ حاکمان وقت کے مظالم سہے، لیکن کبھی حالات کے آگے سپر نہیں ڈالی۔ یہی وجہ ہے کہ اس کتاب میں مصنف نے سب سے پہلے حفیظ نعمانی کی قلندرانہ زندگی اور ان کی فکر و فن پر تقریباً ۶۵ صفحات میں بھرپور روشنی ڈالی ہے۔ حکیم وسیم احمد اعظمی کی یہ طویل تحریر حفیظ نعمانی مرحوم کی صحافیانہ سرگرمیوں اور اس راہ میں پیش آنے والی دشواریوں کا مکمل احاطہ کرتی ہے اور اس کا کتاب کا ماحصل بھی کہی جاسکتی ہے۔ مصنف کو حفیظ نعمانی اور ان کے فن کی بلندی سے جو عقیدت ہے، یہ کتاب اس کا اظہار ہے۔ اس کے ساتھ ہی اس کتاب میں حفیظ نعمانی کے ہم عصر اردو صحافیوں اور کالم نگاروں کا تذکرہ ہے، جو مولانا

عبد الماجد دریابادی سے شروع ہو کر اویس سنبھلی پر ختم ہوتا ہے۔

حکیم وسیم احمد اعظمی کا بنیادی تعلق طب یونانی سے ہے، لیکن ان کا وطنی تعلق اعظم گڑھ کی زرخیز سرزمین سے ہے، جہاں ہمیشہ علم وادب کی آبیاری ہوتی رہی ہے۔ وطنی تعلق نے ہی لوح و قلم سے رشتہ استوار کرنے پر انھیں مجبور کیا اور انھوں نے ملازمت سے سبکدوشی کے بعد خود کو علمی و ادبی کاموں کے حوالے کر دیا۔ صحافت اور صحافی ان کی دلچسپی کا خاص موضوع ہیں، جس کا ثبوت ۵۷۱ صفحات کی یہ کتاب ہے، جو اپنے موضوع سے بھرپور انصاف کرتی ہے۔ یہ کتاب کیا ہے 'ایک کہکشاں ہے جس میں ہمارے عہد کے تمام صحافی اپنی خوبیوں اور صلاحیتوں کے ساتھ ہمارے سامنے آتے ہیں، جن کی تعداد ۱۰۰ کے قریب ہے۔

صحافت یوں تو ایک پیشہ ہے، لیکن پیشے کا لفظ کثرت استعمال سے اتنا عام اور کسی حد تک بدنام ہو گیا ہے کہ اسے استعمال کرتے ہوئے تکلف ہوتا ہے۔ اس لیے میں پیشے کے مقابلے میں فن کو اہمیت دیتا ہوں۔ حالانکہ بعض صحافی پوری پوری زندگی اس میں گذارنے کے باوجود فن کار نہیں بن پاتے، لیکن اس فن میں اتنی وسعت اور توانائی ہے کہ یہ اچھے برے لوگوں کو ساتھ لے کر پچھلی دو صدیوں سے زندہ ہے۔

اردو میں صحافیوں کے تذکرے لکھنے کی روایت بہت مستحکم نہیں ہے۔ اس سلسلے کی پہلی اور کامیاب کوشش مولانا امداد صابری نے گزشتہ صدی کی آٹھویں دہائی میں کی تھی۔ ۱۹۷۳ میں شائع ہونے والی ان کی کتاب "اردو کے اخبار نویس" حالانکہ اپنی لیتھو طباعت و کتابت کے اعتبار سے کمزور کتاب تھی، لیکن موضوع کی انفرادیت اور تنوع کے اعتبار سے یہ اوّلین پیشکش کہی جا سکتی ہے۔ اس لیے اسے ہاتھوں ہاتھ لیا گیا۔ مولانا امداد صابری، جن سے اس خاکسار کو ان کی آخری عمر میں استفادے کا موقع ملا، ایک درویش

صفت انسان تھے۔ انھوں نے اردو صحافت کی تاریخ پر جو کام کیا ہے، اس نے انھیں امر کر دیا ہے۔ پانچ ضخیم جلدوں میں "تاریخ صحافت اردو" ان کا ایسا کارنامہ ہے جس کے لیے انھیں ہمیشہ یاد رکھا جائے گا۔ اردو صحافت کے تمام مورخین نے مولانا امداد صابری کی کتابوں کا سہارا لے کر ہی اپنے کام کو آگے بڑھایا ہے۔ "اردو کے اخبار نویس" میں انیسویں صدی میں شائع ہونے والے اخبارات ورسائل کے ایڈیٹروں کے حالات زندگی درج ہیں۔ یہ کتاب اس دور کے صحافیوں کے احوال جاننے کا بنیادی حوالہ سمجھی جاتی ہے۔ ۸۴۴ صفحات پر مشتمل اس کتاب میں ۵۶ مدیروں کا تفصیلی تعارف دیا گیا ہے، جن میں اردو کے پہلے اخبار "جام جہاں نما" کے ایڈیٹر پنڈت ہری ہر دت سے لے کر "اودھ اخبار" کے ایڈیٹر منشی نول کشور تک کے احوال ہیں۔

اس کے بعد بھی صحافیوں کے شخصی احوال پر کئی کتابیں منظر عام پر آئیں، لیکن وہ صوبائی سطح کے صحافیوں تک محدود رہیں، جبکہ حکیم وسیم احمد اعظمی کی زیر نظر کتاب اس معاملے میں یکتا نظر آتی ہے، کیونکہ اس کا دائرہ کسی ایک شہر اور صوبے تک محدود نہیں ہے۔ حالانکہ مصنف کا پیش لفظ پڑھ کر اندازہ ہوتا ہے کہ یہ صرف لکھنؤ کے صحافیوں تک محدود ہے، لیکن کتاب کے تفصیلی مطالعہ سے پتہ چلتا ہے کہ اس میں نہ صرف لکھنؤ بلکہ دہلی، پٹنہ، بمبئی، بھوپال، حیدرآباد اور دیگر شہروں کے صحافیوں کا بھی تذکرہ ہے جس سے اس کی اہمیت دوچند ہوگئی ہے۔ خاص بات یہ ہے کہ مصنف نے بڑی عرق ریزی کے ساتھ سرکردہ اردو صحافیوں کے احوال جمع کئے ہیں اور انھیں مستند حوالوں کے ساتھ بڑی چابک دستی سے پیش کیا ہے۔ ہر صحافی کے حالات قلم بند کرتے وقت اس کے بارے میں مطبوعہ اور غیر مطبوعہ مواد تک پہنچنے کی کوشش اس کتاب کی فنی اہمیت کو بڑھاتی ہے، جس کے لیے صاحب کتاب کو داد ملنی چاہئے۔

میرے ناقص علم کے مطابق اردو صحافت اور صحافیوں پر اب تک جو کام ہو چکا ہے، اس میں اوّلیت تو مولانا امداد صابری کی کتابوں کو حاصل ہے۔ انھوں نے "تاریخ صحافت اردو" کی پانچوں جلدوں میں اردو اخبار نویسوں کے احوال قلم بند کئے ہیں اور ان کو علاحدہ کتاب کی صورت میں بھی ہمارے سامنے پیش کیا ہے۔ اس سے قبل عبد السلام خورشید کی معرکتہ الآراء کتاب "صحافت: پاکستان و ہند میں" (مطبوعہ ۱۹۶۳، لاہور) میں بھی کچھ سر کردہ صحافیوں کے احوال بیان کئے گئے ہیں۔ اس کے بعد محمد عتیق صدیقی نے اپنی کتاب "ہندوستانی اخبار نویسی: کمپنی کے عہد میں" (مطبوعہ ۱۹۵۷، دہلی) ڈاکٹر طاہر مسعود کی کتاب "اردو صحافت انیسویں صدی میں" (مطبوعہ ۲۰۰۲ کراچی) میں بھی صحافیوں کے احوال پڑھنے کو ملتے ہیں۔

بلاشبہ صحافت کی ہر کتاب میں اپنے عہد کے صحافیوں کا ذکر موجود ہے، لیکن انھیں علاحدہ کتابی شکل میں شائع کرنے کی کوششیں کم ہی نظر آتی ہیں۔ جہاں تک لکھنؤ کا سوال ہے تو اس سلسلہ میں عبد النافع قدوائی کی کتاب "لکھنؤ کے بھولے بسرے اردو صحافی" (اشاعت ۲۰۱۶) کو پہلی کوشش قرار دیا جاسکتا ہے۔ یوں تو مرحوم حفیظ نعمانی کی کتاب "بجھے دیوں کی قطار" میں لکھنؤ کے کچھ صحافیوں کا تفصیلی ذکر موجود ہے، لیکن ان کی تعداد دو چار سے زیادہ نہیں ہے۔ اس کتاب میں جمیل مہدی، ہاشم رضا عابدی الہ آبادی اور سلامت علی مہدی جیسے جید صحافیوں کا تفصیلی تذکرہ ہے اور حقیقت یہ ہے کہ مجھے اس کتاب کے علاوہ کہیں اور ان تینوں صحافیوں پر سیر حاصل مضامین پڑھنے کو نہیں ملے۔ نافع قدوائی نے اپنی کتاب میں لکھنؤ کے تیس سے زیادہ صحافیوں کے احوال قلم بند کئے ہیں۔ حکیم عبد القوی دریابادی، ڈاکٹر محمد آصف قدوائی، عثمان غنی، قیصر تمکین، جمیل مہدی، حسن واصف عثمانی، امین سلونوی، شوکت عمر وغیرہ کا تعارف پیش کیا گیا ہے۔

جہاں تک دہلی کا تعلق ہے تو اس میدان میں دو لوگوں نے خامہ فرسائی کی ہے۔ ان میں پہلا نام ظفر انور کا ہے جنھوں نے صحافیوں کے احوال پر یکے بعد دیگرے تین کتابیں تصنیف کیں۔ ان کی پہلی کتاب "دہلی کے اردو صحافی: آزادی کے بعد" ۲۰۱۳ میں منظر عام پر آئی تھی جس میں پچاس مرحومین اور زندہ صحافیوں کا تذکرہ ہے۔ حالانکہ تحقیق کا معیار اتنا بلند نہیں ہے، لیکن خوبی یہ ہے کہ ان میں بیشتر زندہ صحافیوں کے احوال مصنف نے براہ راست حاصل کئے ہیں۔

۲۰۱۵ میں دہلی اردو اکادمی سے شائع ہونے والی سہیل انجم کی کتاب "دہلی کے ممتاز صحافی" بھی اپنے موضوع پر کافی وشافی مواد پیش کرتی ہے۔ اس میں آزادی کے بعد کے ۱۳۱ صحافیوں کا تذکرہ ہے۔ ۲۰۱۵ میں ہی شائع ہونے والی سید احمد قادری کی کتاب "اردو صحافی بہار کے" بھی ایک اہم کتاب ہے، جس میں بہار وجھارکھنڈ کے صحافیوں کا تذکرہ ہے، لیکن حکیم وسیم احمد اعظمی کی زیر نظر کتاب حالیہ عرصے میں شائع ہونے والی ان سب کتابوں پر سبقت لے گئی ہے، کیونکہ اس میں ۱۰۰ صحافیوں کے احوال کو بڑی محنت سے یکجا کر دیا گیا ہے اور کہیں بھی سرسری مطالعہ کو راہ نہیں دی گئی ہے۔

کتاب میں شامل بیشتر صحافی وہ ہیں جنھوں نے اپنی پوری زندگی اردو صحافت کی نذر کی ہے۔ ان میں مولانا عبدالماجد دریابادی، مولانا عثمان فارقلیط، حیات اللہ انصاری، حکیم عبدالقوی دریابادی، صباح الدین عمر، عشرت علی صدیقی، محمد مسلم، جی ڈی چندن، کلدیپ نیر، سلامت علی مہدی، ناز انصاری، احمد سعید ملیح آبادی، شاہد رام نگری، مولانا عتیق الرحمن سنبھلی، جمیل مہدی، پروانہ ردولوی، محفوظ الرحمن، احسن مفتاحی، نور جہاں ثروت، سید احمد قادری، شافع قدوائی، شکیل رشید، صفدر امام قادری، ایم ودود ساجد، سہیل انجم اور یامین انصاری وغیرہ شامل ہیں۔

مجھے امید ہے کہ یہ کتاب نئی نسل کے صحافیوں اور صحافت کا مطالعہ کرنے والے قارئین کے لیے بہت مفید ثابت ہوگی اور لوگ اس سے تحریک حاصل کر کے اس قسم کی مزید کوششیں کریں گے۔

***

ابھی تو تنقید ہو رہی ہے

احمد حاطب صدیقی

لو، اور سُنو! اب کہنے والے یہ کہہ رہے ہیں کہ

"پوری قوم کا مزاج 'تنقیدی مزاج' ہو گیا ہے۔ جسے دیکھو بس تنقید کیے جا رہا ہے۔ ہر بات پر تنقید۔ اچھی بات پر بھی تنقید اور بُری بات پر تو خیر تنقید کا حق بنتا ہی ہے۔" مگر یہ بات کہنے والے خود کیا کر رہے ہیں؟ تنقید کرنے والوں پر تنقید ہی تو کر رہے ہیں۔

یہ تماشا دیکھ کر آج ہمارا بھی جی چاہا کہ لفظ 'تنقید' کے بے موقع استعمال پر جی کھول کر تنقید کی جاوے۔ اس مفید لفظ کا غیر مفید استعمال عام ہوا جا رہا ہے۔ تنقید کرنے کے جو معانی اب لیے جانے لگے ہیں وہ عجَب ہیں: 'کسی کو بُرا بھلا کہنا، کسی کے اندر عیب تلاش کرنا، کسی کی بُرائیاں کھوجنا، کسی پر اعتراض کرنا اور کسی کے نقائص بیان کرنا' وغیرہ وغیرہ۔ گویا تنقید کے عمل کو ایک بُرا عمل بنا دیا گیا ہے۔ حتیٰ کہ قابلؔ اجمیری جیسے قابل شخص کو بھی اپنے دیوانہ پن پر 'اُن' کی طرف سے ہونے والے 'اعتراضات' کا ذکر کرنے کے لیے یہی لفظ سُوجھا:

ابھی تو تنقید ہو رہی ہے مرے مذاقِ جنوں پہ لیکن
تمھاری زلفوں کی برہمی کا سوال آیا تو کیا کرو گے

کیا معلوم وہ کیا کریں گے؟ عجب نہیں کہ جواب میں وہ بھی کوئی شعر بک دیں۔ مگر

تنقید کے موجودہ تصورات کی جو فہرست اوپر دی گئی ہے وہ سب مفاہیم لفظ 'تنقیص' کے ہیں۔ عزیزو! برائی بیان کرنے کو تنقید نہیں کہتے، تنقیص کہتے ہیں۔ تنقید تو اور ہی شے ہے۔

'تنقید' کا لفظ نکلا ہے 'نَقَدَ' سے۔ 'نَقَدَ' کے لفظی معنی ہیں 'چونچ مارنا'۔ راقم الحروف کا نہایت محققانہ خیال ہے کہ چونچ وہی مارے گا جس کے چونچ ہو گی۔ پس پرندوں ہی کو چونچ مارنے کا حق ہے۔ اور حق تو یہ ہے کہ مرغا بھی ایک پرندہ ہے۔ پَر انسانوں کا ڈالا ہوا رزق کھا کھا کر اِس طائرِ لاہوتی کی پرواز میں کوتاہی آگئی ہے۔ اب زمین سے اُڑ کر بس دیوار کے اوپر تک جاتا ہے اور دیوار سے اُڑان بھر کر واپس زمین پر اُتر آتا ہے، اس تمنا میں کہ زمین پر اُترتے ہی شاید وہ بھی آدمی بن جائے۔ سُنا ہے کسی روز سلیمؔ بھائی نے منہ اُٹھا کر اپنے دیوار نشیں مرغِ بیت سے کہہ دیا تھا کہ "اب ذرا نیچے اُتریے آدمی بن جایئے"۔ حاصلِ کلام یہ کہ مرغے کے پر بھی ہیں اور چونچ بھی۔ آپ نے چونچ مارتے تو دیکھا ہی ہو گا، بالخصوص بی مرغی اور اُن کے میاں مرغِ مُسَلّم کو، باہم۔ یہاں لفظ 'مُسَلّم' پر ہم نے ایک خاص وجہ سے خاص کر کے اِعراب لگائے گئے ہیں۔ وہ خاص وجہ یہ ہے کہ ایک خاص ٹیلی وژن چینل کی ایک خاص خاتون نے ایک خاص پروگرام میں (غالباً یہ دیکھ کر کہ مرغ مسلمانوں کا من بھاتا کھاجا ہے) مرغِ مُسَلّم کو 'مرغِ مُسلِم' پڑھ دیا۔ اس پر محترمہ قانتہ رابعہ (گوجرہ) سے کوئی بچہ پوچھ بیٹھا:

"نانی امّاں! کیا مرغ غیر مُسلم بھی ہوتا ہے؟"

بچے کو سمجھانا چاہیے کہ غیر مسلم صرف انسانوں اور جنوں میں پائے جاتے ہیں۔ ان کے سوا دیگر تمام مخلوقات اور اللہ تعالیٰ کی تمام تخلیقات چار و ناچار مُسلم ہیں۔ دیکھیے مرغ کا ذکر آتے ہی ہم موضوع سے بھٹک کر اِدھر اُدھر بھاگنے لگے۔ بتانا یہ تھا کہ مرغا مرغی،

دونوں مسلم میاں بیوی، اپنے آٹھ دس بچوں کے ساتھ، رزقِ حلال کی تلاش میں زمین پر چونچ مارتے پھرتے ہیں۔ چونچ سے زمین کریدتے ہیں اور زمین کرید کرید کر گھاس پھوس یا دیگر غیر مطلوب اشیا کو الگ کر دیتے ہیں۔ پھر اپنی پسند کے کیڑے مکوڑے یا دانہ دُنکا الگ نکال کر ہنسی خوشی کھا لیتے ہیں۔ تو اے بیگمات اور اے حضرات! "دس بچے خوش حال گھرانا" کا عالی شان نصب العین رکھنے والے اس کثیر الاولاد گھرانے کا وہ سارا عمل "تنقید" کہلاتا ہے کہ جس عمل میں حصولِ رزقِ حلال کے لیے وہ فرداً فرداً اپنی چونچ استعمال کرتے ہیں۔

گویا تنقید کا عمل اصلاً گھاس پھوس الگ اور دانہ دُنکا الگ کر دینے کا عمل ہے۔ مدیرانِ جرائد کو اس فن میں طاق ہونا چاہیے اور ہیں بھی۔ ہم نے بہت سے مدیروں کو دیکھا ہے کہ موصولہ مضامین میں سے بڑی محنت، مشقت اور مہارت سے چن چن کر یا چگ چگ کر دانہ دُنکا الگ نکال لیتے ہیں اور گھاس پھوس چھاپ دیتے ہیں۔

اُردو میں 'نقد' کے ایک معنی تو وہی ہیں جو فوراً آپ کے ذہن میں آگئے کہ یہی معنی نظیرؔ اکبر آبادی کے ذہن میں بھی تھے، کہتے ہیں:

کلجگ نہیں، کرجگ ہے یہ، یاں دن کو دے اور رات لے
کیا خوب سودا نقد ہے اِس ہات دے اُس ہات لے

'کل جُگ' کا مطلب ہے کالا زمانہ، جس میں گناہوں کی کثرت ہو۔ لوٹ مار کا دور دورہ ہو۔ 'کَرجُگ' کام کرنے کا زمانہ، ادلے بدلے کا زمانہ۔ 'جیسی کرنی ویسی بھرنی' کا دور۔ سودا نقد لینے کے لیے جو مال وزر استعمال ہوتا ہے اُسے 'نقدی' کہتے ہیں۔ درہم و دینار کے لیے 'نقد' کا لفظ اس وجہ سے بھی استعمال کیا گیا کہ ان کے لین دین کے وقت کھرا کھوٹا پرکھا جاتا ہے۔ جو رقم فوراً ادا کر دی جائے بس وہی 'نقد' ہے۔ نظیرؔ اکبر آبادی کی طرح

ہاتھوں ہاتھ سودا کیا جائے تو اسے 'نقدا نقد' کہتے ہیں۔ شاعروں کے پاس درہم و دینار تو ہوتے نہیں، وہ کوچۂ دلدار میں 'نقدِ دل' اور 'نقدِ جاں' لیے پھرتے ہیں۔ تسلیمؔ کی کفایت شعاری کو تسلیمات کہ اُن نے دونوں 'نقدیاں' ساتھ نہیں گنوادیں:

ہوا نقدِ دل نذرِ ناز و ادا

فقط نقدِ جاں اور باقی رہا

ادب اور فن کی دنیا میں تخلیقات اور شہ پاروں پر رائے زنی کرنا 'نقد و نظر" کہلاتا ہے۔ جو شخص کھرا کھوٹا پرکھنے کی صلاحیت رکھتا ہے اُسے 'ناقد' کہتے ہیں۔ اگر وہ کچھ زیادہ ہی پرکھنے لگے تو 'نقاد' بن جاتا ہے۔ اصطلاحاً نقاد اُس شخص کو کہا جاتا ہے جو تنقید نگار ہو۔ اپنی تحریر میں کسی تخلیق کار یا فن کار کے کھرے کھوٹے کی نشان دہی کرتا ہو۔ کھرا کھوٹا پرکھنے والا شخص شاید ہی کسی کو پسند آتا ہو۔ خواہ اُسے ناقد کہیے یا نقاد۔ اب آپ سے کیا پردہ؟ ہم خود اپنے ناقدین سے دور بھاگتے ہیں اور نقادوں سے تو کوسوں دور۔ بعض ضعیف العمر نقاد اتنے ماہر اور مشّاق ہوگئے ہیں کہ کالم پڑھے بغیر بھی اس پر طویل تنقید کر سکتے ہیں۔ ایک مشہور کہاوت میں 'نقاد' کی تعریف یوں بیان کی گئی ہے:

"دونوں ٹانگوں کے بغیر پیدا ہونے والا شخص، جو ٹانگیں رکھنے والوں کو دوڑ کے مقابلے میں جیتنے کے گُر سکھاتا ہے"۔

سچ پوچھیے تو تنقید کا اصل حق ہمارے محدثین نے ادا کیا ہے۔ حدیث کے راویوں اور اُن کی زندگی کے رویوں پر جس انداز سے نظر کی ہے، وہ اُنھیں کا حصہ تھا۔ تابعین کے دور تک حدیث کے پانچ لاکھ راویوں کی خوبیاں اور خامیاں چھانٹ چھانٹ کر بیان کی جاچکی تھیں۔ محدثین نے، جو در اصل فنِ روایتِ حدیث کے "ناقدین" تھے، اُصول، اصطلاحات، قواعد اور ضوابط مرتب کر کے ایسا معیار قائم کر دیا جس کی مدد سے کھرا اور

کھوٹا، صحیح اور غلط، حقیقی اور وضعی یا قوی اور ضعیف کو الگ الگ کرنا آسان ہو گیا۔ انھوں نے تصویر کے دونوں رُخ محفوظ کر دیے۔ کوئی رُخ چھپایا نہیں۔ تنقید اسی کو کہتے ہیں۔ اس جرح و تعدیل کے باعث دیگر مذاہب و ملل کے مقابلے میں ہمارا ذخیرۂ روایات زیادہ قابلِ اعتبار ہو گیا۔ ہمیں صحیح اور غلط کی پہچان سکھا دی گئی۔ ساتھ ہی 'صحت' کی درجہ بندی بھی کر دی گئی۔ جب کہ دوسروں کے ہاں غلط کے انبار میں سے درست کو ڈھونڈ نکالنا بقول شخصے اندھیرے کمرے میں گھاس کے ڈھیر سے سوئی تلاش کرنے کے مترادف ہے۔

ہمیں اپنی عظیم تنقیدی روایت کو کلیجے سے لگا کر رکھنا چاہیے۔ صحیح کو صحیح کہنا اور غلط کو غلط کہنا ہی تنقید ہے۔ خوبیاں بیان کرنا تنقید کا جزو ہے۔ خامیاں تو بے دیکھے بھی دکھائی دے جاتی ہیں۔ خوبیاں تلاش کرنے کی کوشش کیجیے۔ خوبیاں بیان کرنے سے معاشرے میں خوبیاں پروان چڑھتی ہیں۔ تنقید کے نام پر صرف خامیاں اُچھالتے پھریں گے تو معاشرے بھر میں خامیاں ہی اُچھلتی نظر آئیں گی۔

***

دولت عثمانیہ اور ترکی کی تاریخ

معصوم مرادآبادی

اردو میں کتابوں کی اشاعت کا سلسلہ تمام زبانوں میں سب سے زیادہ ہے۔ ہر روز ایک نئی کتاب منظر عام پر آتی ہے، لیکن کتابوں کے اس ہجوم میں ایسی کتنی کتابیں ہوتی ہیں جنھیں سرمہ جاں بنایا جائے یا جن کے مشمولات پر سر دھنا جائے۔ ظاہر ہے کسی بھی چیز کی کثرت اس کے معیار کا خون کر دیتی ہے۔ اردو کتابوں کے بازار میں بھی یہی ہو رہا ہے۔ ایسا شاذونادر ہی ہوتا ہے کہ کوئی ایسی کتاب منظر عام پر آئے جس میں مصنف نے کتاب کے تمام حقوق ادا کئے ہوں۔ چاہے وہ تحقیق وتنقید ہو یا ترتیب تدوین۔

اس وقت میرے ہاتھوں میں ایسی ہی ایک بیش قیمت کتاب ہے جس میں مصنف نے نہایت عرق ریزی اور جستجو کے ساتھ ایسا نایاب مواد جمع کر دیا ہے جو اب تک بیشتر محققین کی نظروں سے اوجھل تھا۔ کتاب کا نام ہے "دولت عثمانیہ اور ترکی کی تاریخ"۔ کتاب کے لائق وفائق مصنف نامور عالم دین مولانا عتیق احمد بستوی ہیں، جو اپنے علمی، تدریسی اور فقہی کارناموں کے لیے ملک گیر شہرت رکھتے ہیں۔

انھوں نے کئی دہائیوں پر محیط اپنی جفاکشی، محنت شاقہ اور عرق ریزی کے ساتھ ایک ایسے موضوع پر کام کیا ہے، جو عالم اسلام کے لیے سب سے زیادہ اہمیت کا حامل ہے۔ فاضل مصنف کو اپنے موضوع کی تہہ تک پہنچنے میں نصف صدی کا عرصہ لگا ہے۔

مولانا عتیق احمد بستوی کی اب تک تقریباً ڈیڑھ درجن کتابیں منظر عام پر آچکی ہیں۔ وہ آل انڈیا مسلم پرسنل لاء بورڈ کے ممتاز رکن اساسی، اسلامک فقہ اکیڈمی کے سیکریٹری، ندوۃ العلماء کی مجلس تحقیقات شرعیہ کے ناظم اور معہد شریعہ لکھنؤ کے بانی صدر رہیں۔ وہ طبعی طور پر ایک سنجیدہ اور خاموش طبیعت کے انسان ہیں اور اپنا بیشتر وقت علمی کاموں میں گزارتے ہیں۔ زیر نظر کتاب ان کی علم دوستی اور گہرے تاریخی شعور کا مظہر ہے۔

سلطنت عثمانیہ ۱۲۹۹ سے لے کر ۱۹۲۲ تک قایم رہنے والی ایک مسلم سلطنت تھی جس کے حکمراں ترک تھے۔ سولہویں اور سترہویں صدی میں اپنے عروج کے زمانے میں یہ سلطنت تین براعظموں پر پھیلی ہوئی تھی۔ جنوب مشرقی یوروپ، مشرق وسطیٰ اور شمالی افریقہ کا بیشتر حصہ اس کے زیر نگیں تھا۔ اس عظیم سلطنت کی سرحدیں مغرب میں آبنائے جبرالٹر، مشرق میں بحیرہ قزوین اور خلیج فارس اور شمال میں آسٹریا کی سرحدوں، سلواکیہ اور موجودہ یوکرین سے جنوب سوڈان، صومالیہ اور یمن تک پھیلی ہوئی تھیں۔

مجموعی طور پر اس کے ۱۹ صوبے تھے۔ اس عظیم سلطنت کا پوری دنیا پر بڑا جلوہ تھا اور بڑے بڑے یوروپی ممالک اس سے خوف کھاتے تھے۔ تاریخ میں ایسا عروج کسی مسلم سلطنت کو حاصل نہیں ہوا، لیکن یہ بھی ایک المیہ ہے کہ ساڑھے چھ سو سال تک حکومت کرنے والی اس سلطنت کو منصوبہ بند سازش کے تحت ختم کیا گیا۔ دوسرا المیہ یہ ہے کہ اس میں غیروں کی سازشوں کے ساتھ ساتھ اپنوں کی ریشہ دوانیوں کا بھی بڑا دخل رہا۔

دولت عثمانیہ کے عروج وزوال کی یہ داستان بڑی المناک ہے اور اس میں اسلامی تاریخ کے کئی گوشے پوشیدہ ہیں۔ زیر نظر کتاب ان ہی موضوعات کا بھرپور احاطہ کرتی ہے۔ کتاب میں مصنف نے تحقیق کے ہر اس تقاضے کو پورا کیا ہے جو موجودہ دور کے تن

آسان محققین کے لیے ممکن ہی نہیں ہے۔ تین جلدوں پر مشتمل کوئی کتاب جس کی ضخامت ۷۰۰ سے زیادہ صفحات پر پھیلی ہوئی ہو، اس میں مصنف کی محنت شاقہ کو صرف محسوس ہی کیا جاسکتا ہے۔ اس کتاب کی داغ بیل مولانا علی میاں مرحوم کے ایماء پر ڈالی گی تھی اور وہ چاہتے بھی تھے کہ ان کی زندگی میں شائع ہو جائے لیکن مصنف کو اپنے موضوع سے جو غیر معمولی شغف تھا، اس کے نتیجے میں اس کی اشاعت میں تاخیر ہوتی چلی گئی۔ اگر آج مولانا علی میاں زندہ ہوتے تو وہ اس وقیع کتاب کو دیکھ کر کتنا خوش ہوتے اس کا صرف اندازہ ہی لگایا جاسکتا ہے۔ مصنف نے اس کتاب کی تیاری کے صبر آزما دور میں ندوہ کے کتب خانے کے علاوہ علی گڑھ کی شہرہ آفاق مولانا آزاد لائبریری سے بھی بھرپور استفادہ کیا۔

اس کتاب کی تیاری کے دوران مصنف کی عربی زبان پر مضبوط گرفت اور مہارت نے بھی بہت کام کیا۔ کتاب کے مرکزی کردار سلطان عبد الحمید ثانی کی دوڈائریوں کا عربی زبان سے اردو میں ترجمہ کیا گیا۔ یہ کام انیسویں اور بیسویں صدی کی عالمی سیاست کو سمجھنے اور دولت عثمانیہ کے دورزوال سے مکمل واقفیت کے لیے بہت ضروری تھا۔ اس کے علاوہ مصنف نے اس وقیع کتاب کو اور معنی خیز بنانے کے لیے یہودیوں کی برپا کی ہوئی دو تحریکوں فری میسن اور صہیونیت کا مطالعہ بھی کیا۔

خلافت عثمانیہ کی تاریخ پر اب تک جو کتابیں رقم کی گئی ہیں ان میں خلافت عثمانی کے آخری دور اور پھر سقوط خلافت پر جس غیر جانبداری کے ساتھ تجزیہ کی ضرورت تھی، وہ اس کتاب سے پوری ہوتی ہے۔ فاضل مصنف نے اپنے موضوع سے انصاف کرنے میں کوئی کسر نہیں چھوڑی۔ یہی وجہ ہے کہ یہ کتاب اپنے موضوع پر ایک اہم تاریخی دستاویز

بن گئی ہے، جس کے مشمولات اور طریقہ تحقیق کو ہر وہ شخص خراج تحسین پیش کرے گا جس کو اسلامی تاریخ سے دلچسپی ہے اور جو دولت عثمانیہ کی تاریخ سے کماحقہ واقف ہونا چاہتا ہے۔

اس کتاب میں دولت عثمانیہ کا عروج وزوال، سلطان عبدالحمید ثانی کے دور خلافت اور ان کے کارناموں کی تفصیل، خلافت عثمانیہ کو ختم کرنے کا سانحہ، انجمن اتحاد وترقی اور مصطفی کمال پاشا کے دور حکومت کے واقعات، ترکی میں اسلامی بیداری کے حوصلہ افزا اقدامات وحالات، سلطان عبدالحمید ثانی کی دوڈائریاں نیز موجودہ صدر ترکی رجب اردگان کے اقدامات کا احاطہ کیا گیا ہے۔ ایک ہزار سات سو سینتالیس صفحات پر پھیلی ہوئی یہ کتاب اپنے موضوع سب سے ضخیم پیشکش ہے جس میں فاضل مصنف نے تحقیق وتنقید کے دریا بہا دیئے ہیں۔

مولانا عتیق احمد بستوی نے دولت عثمانیہ کی تاریخ خصوصاً سلطان عبدالحمید کے کارناموں اور زوال خلافت کے موضوع پر مواد اکٹھا کرنے کا کام زمانہ طالب علمی میں شروع کر دیا تھا۔ انھوں نے جب دولت عثمانیہ کے عروج وزوال کی داستان پڑھی تو دل ودماغ پر اس کے اثرات مرتب ہوئے۔ اگر یہ کہا جائے کہ مصنف نے اپنی زندگی کا قیمتی عرصہ اس ایک کتاب کی نذر کر دیا ہے تو بے جا نہیں ہو گا۔

میرا خیال ہے کہ اگر اتنی وقیع کتاب انگریزی زبان میں شائع ہوتی تو اب تک رائلٹی کی صورت میں مصنف پر دولت کی بارش ہو رہی ہوتی مگر یہ ایک ایسی زبان میں شائع ہوئی جس کے قارئین کی تعداد بطور خاص شمالی ہند میں دن بہ دن کم ہو رہی ہے اور جس کے مصنفوں کو پھوٹی کوڑی بھی نہیں ملتی۔

فاضل مصنف کے پیش نظر یہ مقصد رہا بھی نہیں ہے اور اس کی تیاری میں تمام تر خلوص شامل ہے جو اپنی زبان اور تاریخ و تہذیب سے گہرے شغف کا ثبوت ہے۔ مجھے امید ہے کہ یہ وقیع کتاب علمی اور ادبی حلقوں میں ہاتھوں ہاتھ لی جائے گی۔ کتاب مجلس تحقیقات و نشریات اسلام لکھنؤ نے شائع کی ہے۔

* * *